L'un et l'autre

Collection
dirigée par J.-B. Pontalis

Su Dongpo. Portrait par Li Longmien.

Claude Roy

L'AMI QUI VENAIT DE L'AN MIL

SU DONGPO
1037-1101

Gallimard

Il a été tiré de l'édition originale de cet ouvrage vingt-quatre exemplaires sur vélin pur chiffon de Lana numérotés de 1 *à* 24.

1

L'AUTRE ET L'UN

L'autre fut de passage sur terre il y a environ mille ans (1037-1101). L'un est de passage ici, actuellement. Il regarde en ce moment une vanesse, aux ailes décorées d'un subtil motif oriental. Le papillon bat des ailes sur le bord de la fenêtre à tabatière du grenier où l'un écrit et rêvasse. Que veut dire *actuellement* pour une vanesse, le temps d'un battement d'ailes ? Qu'est-ce que cela veut dire pour l'un ? Qu'est-ce que cela voulait dire pour l'autre ?

Quand l'un, l'*actuel,* dit que l'autre est son ami, qu'est-ce que cela peut signifier ? L'un ne connaît pas, et ne connaîtra jamais, le visage de l'autre, la couleur de ses yeux, le timbre de sa voix, son odeur de vivant. L'autre parlait une langue que l'un ne parle pas. Ceux qui la parlent encore ne la parlent pourtant plus tout à fait, parce qu'elle a changé avec les siècles, au fil des cataractes du temps, des inondations, des séismes et de la simple, naturelle usure des mots, limés comme s'usent les galets dans le torrent des âges.

Déjà l'amitié pour celui qui est là, qu'on peut regarder, écouter, toucher, sentir, ce n'est pas si facile à comprendre. Quant à l'amitié pour une trace, la sympathie pour une ombre, le plaisir pris à la présence d'un absent, est-ce un sentiment raisonnable ? Mais les sentiments sont-ils tenus d'être raisonnables ?

Les escargots, dans le jardin, quand ils se mettent en route, laissent derrière eux sur les feuilles de salade un petit ruban luisant, leur sillage. Que laisse à déchiffrer, après mille ans, la piste d'un humain ?

Et pourquoi aimer à distance de siècles celui-là, l'autre, quand des milliards de milliards qui auraient pu aussi bien être les amis de l'un ont été engloutis dans les *whirlwinds of time,* sans rien laisser d'eux, pas une griffure, pas une empreinte : rien.

Les pourquoi, les pourquoi des pourquoi, les pourquoi des pourquoi des pourquoi ricochent sur l'étendue de l'étonnement sans terme, sur la surprise d'exister. Comment disait l'ami qui voulait expliquer ce que c'est qu'être ami ? *« Parce que c'était lui. Parce que c'était moi. »*

Quand l'un pense à l'autre, il a parfois la présomption, la tentation, la folle audace de se dire : *« Parce que lui c'est moi. »*

Ce n'est pas vrai, bien sûr. Il suffit pourtant d'un éclair d'unique identité, d'une étincelle de confusion entre l'autre et l'un, un millième de millième de seconde à l'horloge sidérale, pour que l'autre et l'un disent d'une seule voix : moi c'est toi.

Et c'est vrai.

2

CE PRINTEMPS-LÀ, EN CHINE

Ce printemps-là, en Chine, l'avenir est radieux. Les lendemains chantent déjà à pleins poumons. Les dirigeants ont souscrit une assurance sur le sens de l'Histoire et le bonheur de tous est garanti par l'État. Le passé encore proche était tellement sanglant qu'un peu de paix fait du bien : reprendre souffle, retrousser ses manches, se partager la terre, obliger les fleuves à rentrer dans leur lit. L'occupation japonaise a été un cauchemar selon les plans du Grand État-Major nippon, la guerre civile une chaîne de tremblements de terre. Les nouveaux directeurs du peuple sont des hommes calmes, honnêtes, précis. Ils savent où on va. Les « masses » ont confiance. L'Histoire espère. Le futur est parti du pied gauche.

1790, 1830, 1848, 1870, 1917. On se dit, en grognant contre son « pessimisme », que l'espérance dure trois mois ou trois ans, guère plus. Ensuite, il suffit d'un demi-siècle ou à peine plus pour désespérer l'espérance. (Il faut se souvenir aussi que les semailles faites pendant le temps d'espoir fructifient souvent très longtemps après : 1793 ne fait pas fleurir la république démocratique, mais pourtant, vers les ans 1900, la République française est moins vilaine à voir qu'on aurait pu le craindre après la Terreur et Napoléon.)

Ce printemps-là Lao She venait de terminer une pièce de théâtre sur la construction d'un tout-à-l'égout dans une rue populaire de Pékin. Il disait qu'il n'y a pas de tâche modeste et de peu d'importance quand on veut servir le peuple. Il disait qu'il y en avait au moins pour un demi-siècle à mettre tout en ordre, chaque chose à sa place de justice, y compris, disait-il en riant, les excréments du peuple. Lao She avait quitté les États-Unis où il était célèbre et riche. Il était revenu de l'exil pour aider sa Chine à sortir du malheur. Son plus beau livre était déjà ancien, l'histoire du tireur de pousse-pousse. Observation, compassion, humour, pas une goutte de larmoiement, et ce style sec qui ne veut pas dire que le cœur est sec – au contraire. J'aimais bien Lao She. C'était un homme qui ne s'arrêtait pas en route. Je n'ai jamais pu tirer au clair la fin de sa vie, pendant la Révolution culturelle. L'a-t-on tué en le battant trop fort ? S'est-il suicidé dans le désespoir ? La police a conduit sa femme au lac de l'Ouest. Il y avait un corps sous une

couverture. Le flic a soulevé le bas, a montré à sa femme les pieds trempés du mort. « Reconnaissez-vous ses chaussures ? » « Oui. » On l'a reconduite à la voiture. Elle dit qu'elle n'a pleuré qu'après.

La veille de mon départ pour Hangchou j'avais dîné avec Lao She et le vieux grand acteur Mei Lanfang. C'était un gentleman très distingué, très cultivé, très courtoisement homosexuel. Dans les *Adieux de Xian Yu à sa favorite Yu Shi* le vieux maître de l'emploi *tan* – les rôles féminins – était si fine, si juste, si émouvante, qu'en entrant dans sa loge après la représentation je ne savais plus très bien à qui je parlais. À la jeune femme de la pièce ? Ou au monsieur d'âge mûr que j'avais rencontré quelques jours auparavant chez l'adroit Kuo Mo jo ?

Ce soir-là Mei Lanfang et Lao She firent des plaisanteries sur le zèle marxiste-léniniste des fonctionnaires de la culture. Les bureaucrates tentaient d'expurger les opéras et les pièces classiques de toute trace de *superstition,* filles-renards, fées, magiciens. « Imaginez, disait Mei, qu'on vous interdise dans les *Contes de Perrault* de montrer les fées et leur baguette magique, la métamorphose de Cendrillon et les crapauds sortant de la bouche de la vieille sorcière ! »

Dans ma trop longue expérience du « socialisme réel », application brutale et délirante de principes trop simplistes et trop *évidents* pour pouvoir être adoptés sommairement, j'ai longtemps cru que la faille qui conduit au doute et du doute à la rupture était toujours la même. On commence par critiquer la « politique culturelle » et ses absurdités, Jdanov et Chou Yang, leurs équivalents hongrois, tchèques, nord-coréens, roumains, etc. et au sommet, Staline et le président Mao Zedong. À la fin, c'est la politique communiste elle-même qu'on jette aux orties. Au début, on a l'audace de dire qu'on fait tout de même avaler trop de couleuvres aux intellectuels. Mais heureusement, les ouvriers, les ingénieurs, les savants, les techniciens, eux, sont heureux. Un jour on s'aperçoit qu'en réalité tout le monde est malheureux, que chacun dans sa spécialité constate qu'on va au désastre, mais reste persuadé que dans les autres domaines (ceux où on n'a aucune compétence) le « socialisme réel » est un triomphe. À la fin le mur des illusions s'écroule, puis le mur de Berlin. Une horrible poussière se lève des décombres, brouillant la vue sans toujours éclaircir les idées.

3

LES COLLINES AU BORD DU LAC

Nous arrivâmes à Hangchou à ce moment de l'année où dans la Chine du Sud-Est le temps hésite entre le printemps un peu acide, piquant encore ses aiguilles froides dans la peau, et l'été ronronnant sa chaleur, gros chat couleur de feu, bouilloire de cuivre gai. Le camarade Wang Yen, du Comité du Parti de Hangchou, agrafait fièrement sept porte-mine et crayons Bic à la poche de droite de sa vareuse bleue : c'était le signe de son importance. Il eut du mal à cacher sa désapprobation : on m'avait laissé, de Pékin à Hangchou, en compagnie d'un obscur professeur qui avait fait des études à Paris. Nous pouvions donc très bien nous passer d'interprète. Ce qui voulait dire que le Comité du Parti et le camarade Wang devraient souvent se passer de *rapport*. Pour atténuer la souffrance de Wang, nous adoptâmes un compromis. Nous visiterions le matin en compagnie de Wang ou de cadres sérieux les indispensables usines, ateliers, coopératives, écoles, hôpitaux, dispensaires, musées de la Libération, casernes de l'Armée populaire. Les faiseurs de *rapports* auraient ainsi du grain à moudre. Je demandais seulement d'avoir champ libre l'après-midi pour rédiger mes notes.

Il y avait des journées encore chargées d'humidité, brume de soleil, vapeur d'eau, toiles d'araignées de gouttelettes infimes, gris des nuages, et d'autres jours de plein soleil, de ce plein soleil qui n'est jamais, dans les cités des eaux comme Venise, Stockholm ou Hangchou, sécheresse ou torridité. La mer n'est pas loin, le fleuve est là, et son estuaire ouvert. Nous logions au bord du lac de l'Ouest. Mon compagnon de route était aussi content que moi de découvrir la ville au lac célèbre. Pendant ses années de France (et de Suisse), Lo Dakang avait traduit beaucoup de poèmes des Tang et des Song écrits sur ces rives. Mais il n'y avait jamais posé le pied.

Quand on s'éloigne de la rive du lac vers le temple Ling Yin au nord-ouest ou vers la pagode des Six Harmonies, plus bas vers l'estuaire du fleuve, on se libère des échoppes de « souvenirs » ou des marchands de thé et casse-croûte, qui ont ce côté « bords de la Marne à Nogent » que l'appel au touriste donne à tous les sites célèbres du monde. Ce printemps-là, ni Coca-Cola ni Pepsi n'avaient encore entamé la conquête de la Chine. Mais la civilisation du Tourisme commençait déjà à entamer

Hangchou. Les collines et la presque montagne au sud-ouest du lac et de la ville sont tressées de sentiers que nous explorions avec allégresse, Lo ne savait pas encore sur quel pied il pouvait danser avec moi. Les étrangers, même s'ils « pensent bien », peuvent attirer les pires ennuis. Mais Lo commençait à sentir sur quel pied nous pouvions marcher. Il demeurait prudent. Il savait déjà quel vaste domaine nous restait ouvert. Je n'étais visiblement pas de ces iconoclastes qui balayent cinq mille ans de culture chinoise comme des survivances « féodales » à déraciner. Quand il eut découvert que j'aimais la poésie, et que j'étais même peut-être un peu poète, il respira : le champ était assez large pour notre accord.

Partout en grimpant, on découvrait des stèles dans les bosquets de bambous, au bord des sources et des fontaines, à l'ombre des grands saules, entre les acacias et les châtaigniers d'eau. Émergeant d'un massif de rhododendrons, la première stèle que nous déchiffrâmes avec Lo était dédiée à la mémoire du grand Tu Fu, *« qui chevaucha la Licorne et se cache derrière le Phénix »*. Je retrouve dans mes carnets de l'époque les inscriptions et les poèmes dont les lettrés de Hangchou avaient constellé les collines. Il n'en reste plus grand-chose : à grands coups de masse, les Gardes rouges ont été briser et abattre ces vestiges infâmes de la féodalité et de la « domination réactionnaire du Kuomintang ». Bûcherons de l'avenir radieux, des phalanges de pauvres enfants, marionnettes des tireurs de ficelles du sommet, allèrent cogner dévotement à coups de masse sur les vers de Kiu Yuan, de Tao Yuan ming, de Po Kiuyi, de Li Po, de Tu Fu. Mais ce printemps-là, le livre de pierres des sentiers et des sous-bois était encore intact. On pouvait lire encore au détour du sentier des messages profondément réactionnaires. *« Le vent pousse les feuilles mortes / Le fleuve entraîne les eaux vives / Le temps emporte la Fleur du Temps »* (Tu Fu). *« Les fleurs de la montagne / savent rire avec moi / même si elles ne savent pas encore parler »* (Wou Yangsiu). Il arrivait même qu'on déchiffrât dans les sous-bois, ô scandale, un texte bouddhique : *« Comme un rêve / comme une vision / comme une bulle / comme une ombre / comme la rosée / comme l'éclair. »* Ce petit crépitement doux de brèves métaphores sur la brièveté de nos vies, extrait du célèbre *Soutra du diamant,* exprime un scandaleux message de résignation, de soumission aux destins. Mais le poète dont j'allais rencontrer l'œuvre et la figure à Hangchou, par le truchement du gentil Lo Dakang, n'était pas moins « défaitiste » et docile aux « décrets du ciel ». Les premiers vers que je lus de lui étaient gravés dans une stèle de pierre rosée, accordée aux fleurs rouges des bananiers alentour. *« La vie de l'homme : / l'empreinte d'une oie sauvage sur la neige / Envolé, l'oiseau est déjà loin. »*

Dans les premières années de ma découverte des Extrêmes-Orients, depuis cet esprit chinois où se marient l'évanescence bouddhiste et l'inexorable écoulement de toutes choses dans le Tao, jusqu'à la célébration de l'impermanence fondamentale dans le *mono no aware* du Japon, j'ai cru d'abord que la réitération obstinée de la fragilité du vivre et de la brièveté de notre traversée des apparences devait engendrer tristesse et mélancolie. Que la vie soit très courte, c'est déjà un peu fâcheux. S'il faut de surcroît se le répéter tout le long du chemin, est-ce tellement sage ? Et puis je me suis aperçu que c'était plutôt le contraire. *Vanité des vanités,* ça peut se prononcer sur un ton lugubre ou se proclamer avec cordialité. Se familiariser avec l'aléatoire et le fugitif de nos vies, faire un nœud permanent à son mouchoir pour se rappeler que le temps n'a qu'un temps, et que la vie, ce n'est pas pour la vie, cette hygiène de l'esprit met plutôt de bonne humeur. Quand ça ne rend pas gai, ça laisse au moins calme et assez tonique.

Mes amis philosophes, et les maîtres de philosophie que l'enseignement et les grandes « modes » intellectuelles m'ont proposés, n'ont jamais pris très au sérieux mon hypothèse de travail en philosophie : c'est que, à mon avis, la plus juste évaluation d'une doctrine ou d'une théorie ne se fait pas selon les critères de *vérité,* qui dans ce domaine sont toujours incertains, toujours ambigus. L'hirondelle est sûre que la journée commence au lever du soleil. La chauve-souris est sûre que la journée commence au coucher du soleil. Elles sont dans le vrai toutes deux.

Les penseurs chinois ont manifesté une extrême prudence avec la *vérité.* Plus ancienne sans doute que le mythe de la caverne transmis par Platon, les Chinois racontent une fable qui a d'ailleurs inspiré Su Dongpo. L'apologue évoque les expériences d'un aveugle de naissance qui voudrait, dans sa ténèbre, se faire une idée du soleil. À quoi ressemble l'astre ? Quelqu'un répond : à ce plateau de cuivre rond. L'aveugle tourne et retourne le plateau dans ses mains, le fait résonner et dit : « J'ai compris. » Quand il entend le son du gong frappé au maillet par les moines du monastère voisin : « C'est le soleil », dit-il. Quelqu'un ajoute : « Le soleil ressemble à cette chandelle. » L'aveugle prend dans ses mains la chandelle, la tourne et retourne et conclut : « Voici donc la forme du soleil. » Alors quelqu'un allume la chandelle. L'aveugle se brûle un peu les doigts. « Mais, dit-il, je sais maintenant ce qu'est la vérité du soleil ; c'est celle d'un plateau de cuivre, d'un gong frappé au maillet, d'une chandelle ronde, d'une petite flamme. » Ceux qui près de l'aveugle ont des yeux pour voir, savent que le soleil n'est pas un plateau de cuivre, n'est pas un

gong, n'est pas une chandelle, n'est pas la flamme de la chandelle. Mais pour ne pas chagriner en vain le pauvre homme, ils lui laissent croire que le soleil est tout ce qu'il n'est pas, cuivre, gong, chandelle, flamme. Ce qui prouve qu'on peut ne pas dire la vérité par ignorance, par entêtement, par paresse, par ruse, par malice. Mais aussi par compassion.

4

LA LUNE DANS LE SAULE

Un après-midi, ayant tous les deux prolongé notre sieste plus qu'à l'accoutumée, nous deux Lo Dakang partîmes assez tard faire notre promenade. Le temps était clair, amical. Nous montâmes à petite hauteur des collines et suivîmes un chemin entre les canneliers, de beaux grenadiers, des pêchers sauvages, des jujubiers et des pruniers aux fruits pas encore mûrs, d'un violet épiscopal. Un vol de grues traversait le lac en patrouille, un loriot trillait dans les bambous, une sorte de grive musicienne chinoise vocalisait et un petit faucon semblable à la crécerelle de France planait dangereusement au-dessus d'une proie invisible pour nous. Mais j'avais du mal à nommer beaucoup des oiseaux qui nous observaient dans les arbres, ou que nous débusquions des fourrés. La plupart m'étaient inconnus. Lo Dakang n'en savait pas plus que moi, plutôt moins. Les oiseaux chinois narguaient mon ignorance, jusqu'à ce qu'un bouvreuil tout à fait reconnaissable, narquois et replet (si l'adjectif peut convenir à un si petit personnage) nous croise pour me ramener en pays de connaissance. De temps en temps, nous traversions sur un petit pont-passerelle un joyeux torrent-cascade, cavalcadant son vif argent d'eau éclabousseuse. Sur une stèle, sous un prunus en fleur, Lo déchiffre un petit poème de Sia Tao : *« Un vent nonchalant / dessine des rides / sur l'eau du lac / miroir du bleu / mais le ciel intact / proteste doucement / je n'ai pas de rides / et le miroir ment. »* Cet après-midi le miroir ne ment pas : l'eau claire est lisse comme le temps qui glisse.

Nous marchâmes plus longtemps que d'habitude. Vers la fin de l'après-midi, nous redescendîmes jusqu'au rivage pour nous baigner. Lo grenouillait comme les enfants qui viennent d'apprendre à nager, cette brasse appliquée dont chaque mouvement manifeste la stupeur du miracle, un reste d'incrédulité, l'étonnement de tenir réellement sur l'eau, et même d'avancer un peu. Nous nous séchâmes au soleil. Je sentais que Lo était heureux de s'être laissé un peu forcer la main ; c'est moi qui avais dit : « Emportons nos maillots. » C'est moi qui avais dit : « Si on descendait au lac se baigner. » Tous les deux en train de prendre un bain de soleil sur l'herbe de la rive, nus et paresseux, c'était une situation que nous n'aurions pu imaginer une semaine plus tôt. À Pékin, Lo était solennel, cérémonieux, et par-dessus tout circonspect, ne hasardant rien qui puisse lui être reproché, pas même son approbation tacite à un propos un peu ambigu que je pouvais tenir sur les sujets « sacrés ». Maintenant, si je parlais avec un peu d'ironie de Wang-aux-sept-porte-mine, Lo osait sourire légèrement, non pas de ce rire-sourire passe-partout qui sert aux Chinois à masquer un malaise ou à l'apaiser, mais un vrai sourire de connivence, presque de complicité. (Le rire chinois, c'est une manière de se tirer d'embarras à défaut de se tirer d'affaire.)

Les yeux fermés au soleil, qui commençait à glisser sur l'eau et les collines, cette blonde lumière rasante des fins de journées d'été, coupante comme une lame de faux bien aiguisée, nous en vînmes à évoquer à deux voix des souvenirs de Paris. Lo prononçait avec un enthousiasme mélancolique des mots chargés pour lui de nostalgie-tristesse, noms de cafés (Capoulade, La Source), de librairies (Gibert Jeune, Vrin, Presses Universitaires). Je lui décrivais les changements intervenus pendant l'Occupation et depuis la Libération, les disparitions de magasins et parfois d'immeubles. « Si un jour je retourne là-bas, disait Lo, je ne reconnaîtrai plus rien. » Je le consolai : « Il ne faut pas dire *Si*. Mais : quand je retournerai à Paris... Et si vous ne reconnaissez pas tout, le Quartier latin, lui, vous reconnaîtra... »

Une fois rhabillés, je regardai ma montre restée

au sec dans mon blouson, et nous découvrîmes qu'il était beaucoup plus tard que de raison. Nous prîmes la route du retour, pendant que le jour commençait à baisser somptueusement, avec cette majesté de la lumière lorsque le soleil est en train d'amorcer sa descente au-delà de l'horizon. Nous sentions soudain la faim. Un peu plus loin, nous tombâmes sur une troupe de pionniers de douze-treize ans qui venaient de faire « l'ascension » du « sommet » des collines, le mont Nangao. Ils étaient en train de pique-niquer sous de grands saules, et Lo traduisit l'offre de leur chef de partager leur repas. Nous acceptâmes sans scrupules.

Les rires des enfants, qui étaient venus en excursion du Kuangtong à Hangchou, leur parler cantonais dont la sonorité est si différente du *mandarin* parlé au Nord, la gentillesse et la curiosité de leur accueil, tout était cordial et léger. Nous oubliions la nuit déjà là, en partageant le riz aux crevettes de nos nouveaux amis. Soudain, je m'exclamai : « Lo, regardez ! la lune !... On dirait qu'elle s'est accrochée aux branches du grand saule... » « Comme une araignée... », dit Lo Dakang.

Il nous restait une heure de marche ou davantage pour regagner notre gîte, et la lune se déprit lentement du réseau des branches de saule pour monter au zénith. Nous habitâmes jusqu'à notre arrivée une immense perle laiteuse, la lumière d'un jour à peine plus timide que le jour véritable, une bulle de clarté irisée par l'humidité du lac et des eaux avoisinantes. On devinait dans l'espace blanc et pâle une allusion de cercles concentriques autour de l'astre froid. Comme dans les tableaux des primitifs siennois, et dans les illustrations de *La Divine Comédie,* où le Christ en gloire et la Vierge sont entourés de cercles de plus en plus grands, anneaux du monde qui, au-delà de notre vue, embrassent certainement le cosmos tout entier. Nous ne parlions pas, et ce n'était pas la fatigue qui nous tenait silencieux, mais l'émerveillement, la sensation paisible d'être au centre du monde, au creux de la perle-univers, dans l'entre-jour-et-nuit, l'entre-lune-et-soleil, au nœud de l'entre-temps.

Quand nous nous retrouvâmes sur le quai, devant notre hôtel, nous restâmes silencieux, un silence de lune. « Ah, monsieur Roy, murmura Lo, le *Lac,* c'est aussi un poème de France ... *Ô temps, suspens ton vol...* »

Sauf sa prose parfois (l'*Histoire des Girondins*), je ne suis pas un fervent de Lamartine. Mais ce soir-là, au bord d'un autre lac que celui d'Elvire, je n'ai pas trouvé ridicule ni déplacée la culture française de mon ami Lo Dakang. Le temps nous avait suspendus ensemble, dans son vol, dans le mouvement lent de la lune en train de disparaître, ayant dénoué les liens du saule qui l'avaient capturée.

5

LA LUNE SUSPENDUE

Quand je me réveillai le lendemain matin et descendis prendre mon thé, Lo était sorti faire une course en ville, me dit de sa part la servante. Il arriva enfin, avec un paquet, « un très modeste cadeau », qu'il voulait m'offrir en souvenir de notre clair de lune de la veille.

C'était un choix de poèmes de Su Dongpo, un poète de la dynastie Song que je connaissais mal – mieux vaut dire : pas du tout.

« Vous excuserez cet exemplaire un peu défraîchi... il n'est pas neuf. J'ai eu la chance de le trouver dans un magasin de choses anciennes. »

(Je ne l'ai appris que plus tard, Su Dongpo, comme beaucoup de classiques, avait été victime à cette époque d'un léger « passage nuageux avec risques d'averses ». On avait jugé en haut lieu que les positions qu'il avait prises il y a mille ans, dans la fameuse bataille des « Nouvelles Lois », étaient « réactionnaires ». Su Dongpo n'appartenait pas à la race exécrée des « mauvaises herbes ». Mais on ne le louait pas non plus à l'excès, ni ne se hâtait de réimprimer ses œuvres quand elles étaient épuisées. C'est une des conséquences, dans les pays totalitaires, de ce qu'un mauvais esprit a appelé « la difficulté de prévoir le passé ».)

« Je voulais que vous ayez ce livre, m'expliqua Lo, parce que sans le savoir vous avez hier presque cité un vers de ce poète... Vous vous souvenez ? Quand nous avons regardé la lune à travers les arbres... Vous avez dit : on croirait qu'elle est accrochée aux branches du saule. »

« Oui... C'est l'impression que j'ai eue... »

Lo m'emprunte le livre que je feuilletais, cherche une page et traduit à livre ouvert le poème par lequel je suis entré dans l'amitié... Faut-il dire : « l'amitié de » ou « l'amitié pour » Su Dongpo ?

Shiao Shiao   Un vent léger froisse les aiguilles de pin
Est-ce la pluie   J'ouvre l'huis
C'est la pleine lune sur le lac
Les pêcheurs   les oiseaux de rivage   un même rêve
Un grand poisson bondit comme un renard s'enfuit
Au noir de la nuit hommes et bêtes s'ignorent
Mon ombre joue avec mon corps
et moi je joue avec mon ombre

Pas à pas la marée obscure monte sur la rive
comme rampent les vers de vase dans le froid et l'humide
Suspendue aux tiges   grande araignée qui danse
la lune est accrochée aux branches d'un saule pleureur
La vie passe si vite   Son charroi de tristesse et de deuil
Nuit   Lune   Lac   instant si beau
qui n'êtes qu'un instant
Un coq chante   Une cloche sonne
Un vol d'oiseaux s'enfuit
On entend les tambours à l'avant des bateaux
et résonner sur l'eau les voix des bateliers

Su écrit ce poème en 1079, en route vers son nouveau poste de gouverneur à Huchou, dans le Szekiang, au nord de Hangchou. Sa vie de fonctionnaire est une interminable série de hauts et de bas, de grâces et de disgrâces, d'exils puis de faveur revenue. Il demeure égal dans la misère et la prospérité, toujours digne, et la tête vraiment *ailleurs* – plutôt à la poésie qu'à la réussite, à l'amitié qu'à sa fortune. L'homme politique auquel il va s'opposer toute sa vie, Wang Anshi, Su le rencontrera plusieurs fois, que celui-ci soit au pouvoir ou défait. C'est pour écrire avec lui des poèmes, parler des écrivains qu'ils aiment, et peut-être (comme il m'est arrivé à Hangchou avec les poèmes de Su Dongpo) pour se retrouver à l'unisson sur la même petite sensation, dans le même sentiment « poétique », peut-être la même métaphore ou le même mariage de mots.

Qu'à dix siècles de distance et après tant de lunaisons entre les deux nuits sur le lac, la même clarté ronde entre les branches de saule ait frappé un Chinois des Song et un Français de la fin de ce siècle, est-ce un miracle ?

Non, oui. C'est tout de même miracle et merveille. Le miracle et la merveille (parfois), ce n'est pas tant de se retrouver en communauté d'espèce dans tout cela qui contribue à répandre, soutenir, défendre la vie : le désir et l'agressivité vitale, l'attirance vers l'autre ou son rejet, l'amour maternel, paternel, filial, et tout ce qui est fondement de l'être, partage premier, ce qui est vivant, enfin. Le miracle et la rare merveille sont ailleurs : ce qui est vivant n'est pas le privilège des humains : c'est l'apanage de toute vie, depuis l'infusoire et le têtard jusqu'à Roméo et Yseut, Spinoza et Einstein. Ce sont ces sentiments primordiaux absolument nécessaires à la survie de l'espèce, absolument *utiles.* Il n'est pas miraculeux que l'être veuille persévérer dans l'être, ou du moins cela appartient au miracle général, qu'il y ait de l'être au lieu de rien. *Homme, humanité, humains, humanisme,* ce sont de beaux mots, souvent un peu larges, flasques comme des sacs-valises trop grands. On passe de l'éloge (« Il est tellement humain ») au découragement (« Que voulez-vous, c'est humain »). On a pivoté sur le même mot. On ne va pas cependant faire la fine bouche avec les beaux fruits de l'arbre de vie, prendre un air pincé et dédaigneux devant la banalité du « Tous les hommes sont frères ». Ils le sont pour l'essentiel, en effet, dans la faim et l'effort pour survivre, dans l'amour et le plaisir, dans la défiance et la confiance, dans le bonheur et dans l'angoisse.

Le miracle vraiment miraculeux, la merveille merveilleuse, c'est la surprise de se retrouver, entre membres de la fameuse espèce humaine, là où ni la source génétique commune ni les conditions de vie partagées ne nous avaient donné rendez-vous. Dans les années qui suivirent ce printemps de Hangchou en compagnie de Lo Dakang, j'allais découvrir le grand Su Dongpo des hauts « lieux communs », le poète qui parle si justement, si simplement, de la mort de la femme aimée, du déchirement des séparations, de la tristesse des exilés, de la misère des paysans, de la solitude et du malheur d'un prisonnier qui comparaît devant lui. Au cœur du cœur de la vie, Su nous atteint en effet au cœur : il s'agit des « grandes choses » de la vie. Mais sa proximité, la fraîcheur de sa présence sont sensibles autrement, mais non moins précieuses, dans les choses ordinaires de la vie, dans ces « petites choses » de tous les jours : la caresse des flocons de neige sur le visage par un matin de décembre, le bruit de la pluie criblant la surface du fleuve, la « truffe » humide du chien Museau Noir accueillant son maître Su, la rosée accrochant à l'aube ses perles aux piques de riz, le cheval un instant dessellé, le poète s'appuie au tronc d'un saule, et il entend, soudain, le premier chant du coucou cette année...

J'ai vu la lune suspendue, comme Su Dongpo l'avait vue. Nous ne devons pas être les seuls. Dans un autre poème, il appelle l'astre clair *« miroir suspendu »...* Ailleurs, il la montre accrochée aux branches d'un paulownia. Ce sont peut-être des comparaisons qu'on se passe de poème en poème – ou qu'on invente sans savoir qu'avant nous d'autres l'avaient déjà dit. (Mais quand Su décrit son corps jouant avec son ombre, il sait bien qu'il emprunte cela à Li Po.) Pendant des années, après cette nuit de pleine lune sur le lac et la rencontre de Su Dongpo, j'ai collectionné au passage les métaphores qui, d'Archiloque le Grec à Emily Dickinson de la Nouvelle-Angleterre, ont décrit la lune « accrochée », « suspendue », « amarrée en haut ». Trente ans plus tard, j'ai écrit un poème qui s'appelle *La transmigration des métaphores,* où l'image de la lune tenant à un fil passe de siècle en siècle et d'esprit en esprit, ce qui expliquerait la croyance de ceux qui

ont supposé que les âmes vont de corps en corps
ainsi qu'un voyageur va d'auberge en auberge
À moins que chaque homme nouveau venu au monde
situé par sa semblance défini par sa différence
garde en lui ce qu'un philosophe nomma
le miroir essentiel de l'être
et avec des yeux absolument neufs et sans pareils
voie de la même façon que ceux qui le précèdent
l'astre comme suspendu

Ces rencontres, ces croisements, ces retrouvailles dans ce qui n'appartient pas au règne du destin mais aux accidents de l'éphémère, je ne cesse de les observer avec étonnement et joie. Su Dongpo n'est pas entré dans ma vie par la grande porte de l'universel (qu'il a cent fois franchie superbement) mais par le portillon du *presque rien,* du *peu de chose,* de l'ordinaire du temps. Cet ordinaire des jours que Su sait tresser avec les grandes incertitudes de la vie, accordant le soupir du temps qui s'en va avec la virgule d'argent d'une truite qui saute, la nostalgie des bonheurs passés avec le petit pépiement d'un oiseau :

Lune qui brille   gelée blanche
Brise qui glisse   courant d'eau froide
L'univers n'a pas de limites
Virgule d'argent   truite qui saute
sur les feuilles lisses des lotus
la rosée repose en silence
L'oiseau ling qui pépie très doux
m'a réveillé avant le jour
J'ai fait le tour du jardin
Le petit jour vient lentement

Le voyageur traîne le pas
sur le sentier de la colline
Il sait   Le pavillon est vide
où vivait celle qu'il aima
On a gardé en vain
les nids des hirondelles
Elles ne sont pas revenues
Vivre   Rêver   Rêver la vie
Qu'as-tu saisi ? L'ombre d'une ombre
Les joies passées sont bien passées
Entends-tu à la fin de la nuit qui pâlit
le soupir du temps qui s'en va ?

6

UNE VOIX PAS TRÈS FORTE

Pendant les mois que cette année-là j'ai passés en Chine, nous avons mené, Lo Dakang et moi, une double vie. Je disais en plaisantant (mais la plaisanterie n'amusait pas Lo : il avait un peu peur de toute irrévérence) : « Nous trompons le Président Mao avec Maître Su Dongpo. »

La Chine au lendemain de la prise du pouvoir de 1949 apparaissait alors comme un grand et superbe chantier de reconstruction. Sur les ruines de la « politique des canonnières » et de l'étranglement colonial, de l'invasion japonaise et des saignées qui suivirent, sur les décombres de la longue guerre civile, on allait tout remettre en place et sur ses pieds, la possession des terres et la situation des femmes, l'enseignement et la santé, les travaux de dressage des fleuves et la réforme des hommes. La Chine retroussait ses manches. (Il fallut peu d'années pour s'apercevoir qu'elle avait cru retrousser ses manches pour rebâtir. Elle les avait retroussées aussi pour cogner.)

J'ai pas mal voyagé en Chine cette année-là, et la plupart du temps sans Lo Dakang. Quand il m'accompagnait, nous trouvions tous les jours le temps de traduire deux ou trois poèmes de notre ami d'il y a mille ans. Les trains chinois avaient à cette époque un acharnement pédagogique et moralisateur assez tonitruant. De Pékin à Canton ou de Hangchou à l'Ouest, pendant des heures et des heures, les indomptables et inarrêtables haut-parleurs du train nous instruisaient, nous exhortaient, nous exaltaient, nous assourdissaient. Il fallait avaler, sans que les speakers puissent reprendre leur souffle, l'historique de la Révolution dans la ville traversée, les chiffres de la production d'acier et de textile, le dernier discours du président et l'intervention de Chou Enlai à l'Assemblée, avec, pour nous redonner du tonus, les marches de l'Armée populaire de libération, la chorale de l'APL chantant, à l'unisson de cent voix mâles *Le Soleil se lève à l'Est,* ponctué au refrain obsédant par les deux grands noms de l'époque, *Mao Zedong, Chtaaline* ! Et au milieu de cet ouragan sonore et de ce fleuve de mots, nous parvenions, Lo Dakang et moi, à nous réfugier en l'an 1079 dans une île au croisement du Yang-tse et du canal de Chine et, faisant comme si les vociférations militantes n'avaient pas lieu, nous essayions de trouver le ton juste en français d'un poème de Su, un poème assez différent de ce que les haut-parleurs du train déversaient :

Miroir de l'eau   Temps de printemps
Brume légère   douce est la pluie
Le lac de l'Ouest   une jeune fille
belle au réveil   belle au coucher

Ou bien, pendant que l'auditoire luttait contre la somnolence pendant une conférence de Chou Yang, le ministre de la Culture d'alors, sur les *Trois Contre* et les *Quatre Pour* dans l'éradication de l'analphabétisme, Lo Dakang, qui s'enhardissait dans une désinvolture bien cachée, prenait des notes pieusement. Il me faisait passer le résultat inattendu de ces notes : un petit poème de Su, dans un de ses jours d'inspiration bouddhique (donc *féodale*).

Entrouvrir le rideau   pour les petites hirondelles
Laisser un trou dans la fenêtre   pour que les mouches puissent partir
Abandonner dix grains de riz   pour laisser leur part aux souris
Éteindre la lampe à huile   pour sauver la vie des phalènes

Pendant que j'étais dans le Kuangtong, Lo Dakang avait pu consulter à la bibliothèque de l'Université Beida l'édition, procurée en 1822 par Wang Wenkao, des poèmes complets de Su Dongpo. Notre liasse de traductions s'accroissait chaque semaine.

J'ai cru pendant quelque temps que les écrivains de la dynastie Song avaient écrit *beaucoup* de poèmes : de Su à son vieil ami-adversaire Wang Anshi, c'est toujours par milliers et non par centaines qu'il faut compter les poèmes qu'ils ont laissés. Déjà sous les Tang le recueil complet des poèmes compte plus de quarante mille textes. Sous les Song, Su Dongpo a laissé 2 400 poèmes, Wang Anshi 1 400, Yang Wanli 3 000. On ne compte cependant pas parmi les poèmes les *fu* écrits à mi-chemin de la prose et du poème, sortes de narrations rythmées librement, qu'on ne chantait jamais mais récitait seulement, de façon incantatoire (on peut comparer – toutes choses égales d'ailleurs – le *fu* au *rap*). Les mois passés avec Lo, et plus tard avec d'autres amis, à explorer le trésor poétique des Song, m'ont fait comprendre la réalité : ces lettrés n'ont pas écrit de nombreux poèmes, ou il serait presque plus juste de dire qu'ils n'ont écrit *que* des poèmes. Pendant cette longue période, la poésie est la langue commune des lettrés. Tout peut s'exprimer en poèmes, de la botanique à la philosophie, de la vie rurale à la vie de cour, de l'histoire à la vie mystique, de la psychologie à l'alchimie, des paradis artificiels du vin de riz à la physique de l'amour.

Pendant les mois de notre « double vie » entre le XXe siècle et l'An Mil, les moments d'immersion dans l'œuvre de Su Dongpo ne nous écartaient guère de cette Chine des années cinquante, où les lumières semblaient l'emporter encore sur les ombres. Notre ami le cinéaste italien Gilo Pontecorvo, que j'avais retrouvé à Shanghai, répétait : « La *problematica* (les intellectuels italiens font un grand usage du mot), la *problematica* chinoise n'a pas changé depuis mille ans. » Pour ne prendre qu'un exemple, qui donnerait raison à Gilo Pontecorvo, j'ai vu en trente ans Wang Anshi être donné en modèle de penseur progressiste (dans les années cinquante), et en contre-exemple de sectarisme et d'autoritarisme (à la chute de « la bande des Quatre »).

Quand il fallut revenir en France et prendre congé des amis chinois, le Lo Dakang que j'avais connu au début de notre « collaboration » avait changé. Je crois qu'il avait changé davantage que moi, ou du moins qu'il redoutait moins de me montrer les pointes critiques de sa pensée, ou des opinions à la frontière du sacrilège. Il en savait évidemment bien davantage que moi, et commençait à s'avouer ce qui n'était pas encore la désillusion, mais déjà une inquiétude. Il me dira, beaucoup plus tard : « Les injustices, les brutalités, les erreurs, on se dit d'abord que ce sont des anicroches sur le chemin... Et puis on s'aperçoit que c'est le chemin lui-même. »

Il ajoutera, un autre jour : « Quand je voyais un " cadre " imposer par la force un point de vue qui me semblait absurde, quand on jetait en prison un camarade honnête mais pas assez docile, quand on brimait un faible et encensait une brute, je me disais que servir mon peuple, ça voulait dire garder ça pour moi, me taire. Et puis je me suis aperçu que le silence ne servait pas le peuple, et qu'il faut parler quand une parole peut l'aider à vivre mieux. »

« Alors, vous avez parlé ? »

Lo Dakang baisse les yeux, il a un petit sourire modeste :

« Je n'ai pas une voix très forte », dit-il.

7

LA VIE À CŒUR

Dès sa jeunesse, Su ressent très fort l'impermanence de tout, les périls et les menaces qui planent sur les vivants, la fragilité de la présence des êtres aimés. Avec les années, les épreuves, les deuils, la disparition fatale de ses parents, puis, moins inscrite dans le cruel ordre des choses, celle de sa très jeune première femme (elle a vingt-six ans quand il la perd, elle en avait quinze quand il l'a épousée), Su deviendra de plus en plus grave sans perdre sa générosité ni sa chaleur. Il n'esquivera ni la douleur ni le bonheur quand l'un et l'autre lui sont donnés. La petite épouse de sa jeunesse ne disparaîtra jamais de son horizon, elle viendra souvent le visiter dans ses rêves.

Dix ans   vivante effacée   séparée de moi
Je n'essaie pas de me souvenir
mais oublier est difficile
La tombe solitaire à des milliers de li

À qui parler de mes pensées ?
Si nous nous retrouvions
vous ne me reconnaîtriez pas
Poussière sur mon visage
Gelée blanche sur mes cheveux

Cette nuit j'ai rêvé   Je suis à la maison
Vous êtes près de la fenêtre de la petite chambre
Vous brossez vos cheveux
Les larmes coulent sur vos joues
Est-ce que mon cœur aura souffrance
ainsi année après année ?
La tombe au clair de lune
l'ombre des pins que j'ai plantés

Les épreuves, les échecs, les exils successifs ne viennent pas à bout de la ressource de courage de Su. Toute sa vie il demandera à la lune *« d'éclairer (son) esprit et à l'eau de purifier (son) corps »* :

Rivière de lune   pour éclairer l'esprit
Rivière d'eau   pour purifier la bile
Perle de clarté ronde
reposant dans la coupe de jade du ciel
ma pensée est semblable à toi
pleine lune   lisse rivière sans nulle vague
Avec qui pourrais-je danser ?
Le grand Li Po dansait à trois

la lune et lui son ombre et elle
mais je suis seul au fond du Sud
perdu dans un pays malsain
où coule pourtant la fraîche rivière de lune
Comment ne pas avoir l'esprit en paix ?
À mon chevet une jarre de vin
remplie de rosée blanche et fraîche
Je peux m'enivrer seul me réveiller seul
L'air de la nuit est frais et éternel
Je vais écrire un mot au moine Shao
qu'il vienne avec son luth
et joue à la clarté calme de la lune
Nous prendrons la petite barque
et descendrons tous deux vers les rapides

Su allie à peu près constamment deux états fragiles, qu'on ne parvient pas toujours à doser comme il faudrait : la sérénité et la bonne humeur. La sérénité, pour laquelle le bouddhisme à de bonnes recettes, le taoïsme des techniques excellentes et les religions du Livre plusieurs voies, est souvent menacée par la malice ou la distraction des dieux, et par le désarroi ou la décrépitude de la carcasse. Il arrive aussi qu'elle tombe dans le travers de son imitation chimique, la paix de l'âme sur ordonnance, le morne nirvana des tranquillisants. La bonne humeur, elle, est très souvent une grosse personne un peu vulgaire et sotte. Su se tient en juste équilibre entre la torpeur-fausse sagesse et le bon gros rire bêta. Il est paisible, vaillant dans l'adversité, et il a cette générosité qui irrigue l'âme de gaieté. La bonne humeur devrait figurer dans le catalogue des vertus. Les décalogues sérieux n'osent pas l'inscrire dans leur liste officielle, crainte des pontifes grognons. Mais la pratique nous montre que la plupart des personnes vraiment estimables, sages ou saints, bâtisseurs, clercs, savants, capitaines de mer ou capitaines de guerre, réformateurs, astronomes et mathématiciens (sans oublier les joueurs d'échecs et les joueurs de boules), ont de saines ressources d'*alegría,* alliée au sentiment du tragique.

Su n'a pas de la vie une idée trop rose. Il sait, dit-il, que les 36 000 jours (au maximum) du séjour terrestre comptent moitié de grand âge et de maladies, que la tristesse succède à la joie, les larmes au rire, que les hommes sont les marionnettes et les jouets du Ciel. Son père, vieux lettré un peu raté (il a échoué plusieurs fois aux examens de la bureaucratie impériale) mais tenu en estime par les gens cultivés, a dirigé ses deux fils vers les carrières du fonctionnariat. Su Dongpo et son jeune frère ont réussi aux concours. Les embûches sur leur route seront les batailles politiques entre partis et les luttes de clans entre ambitieux. Su ne se sent pas tellement l'âme d'un serviteur docile de l'État. Il se compare plutôt à un daim des forêts, à un cheval au mors d'argent et aux rênes de soie, beaux à voir mais désagréables à subir. Su Dongpo a une famille à nourrir. Une famille dont le membre qu'il aime sans doute par-dessus tout, son frère Su Tseyu, sera à peu près constamment éloigné de lui par les décrets capricieux de l'État. La vie de Su, c'est un peu celle d'une boule de billard. Il aura parcouru des milliers de *li,* de poste en charge, d'honneurs en disgrâce, du rang de gouverneur à l'épreuve de la prison, de l'extrême Nord-Est au Sud profond, des climats frais à la chaleur tropicale de l'île de Hainan. Chaque fois qu'il espère jeter l'ancre, se construire une maison, défricher des champs pour devenir gentleman-farmer et tirer un peu moins le diable par la queue, chaque fois qu'il se réjouit d'amitiés nouvelles, il est convoqué à la capitale, parce qu'il est rentré en grâce – ou expédié au diable, parce que ses adversaires dans la bureaucratie ont gagné une manche.

Nous avons un peu oublié que la terre est très grande et que bouger demande longue patience. Dans l'immense Chine, voyager prend encore du temps. Le jeune Su devra de surcroît combiner l'utile travail de voir du pays, le sien, avec le travail du deuil, sa forme rituelle et familiale. En 1056, Su le père et ses deux fils mettent deux mois pour arriver à l'une des quatre capitales, la capitale de l'Est des Song, Kaifeng, dans le Honan, où ils vont passer leurs examens. Su sera parmi les premiers des 388 candidats reçus. Le grand Old Man de lettres et d'État du moment, Ouyang Xiu, a été très impressionné par le talent du jeune homme. « *J'en transpire de joie,* écrit-il. *Le vieil homme que je suis doit faire place à ce nouveau venu et le laisser monter au sommet.* »

La mère de Su meurt au lendemain de ce triomphe, qu'elle n'aura pas connu. Le deuil obligatoire est de trois fois neuf mois. Su vient de se marier avec une très jeune fille. La tristesse du deuil est contrebalancée par le bonheur des nouveaux époux. Après cette retraite, les trois Su reviennent à la capitale. Ils ont décidé de faire route par eau et par terre. Sur le Yang-tse et, sur terre, de Kiangling à Xiangyang et Kaifeng, d'octobre à février 1059, les voyageurs vont mettre cinq mois. Su va accumuler les expériences, les découvertes, les images. Les poèmes qui constitueront son premier recueil, *Voyages vers le Sud,* éclatent de force, de précision du regard, de la joie d'explorer. Su a écouté parler les paysans, les bateliers, les fonctionnaires, les soldats. Il a la *polyvision* et la *polyécoute* du Victor Hugo de *Choses vues,* les yeux ouverts, l'oreille au guet, l'esprit aux gens, la plume au vif.

La descente du Yang-tse à partir du Szechuan était en ce temps-là une grande aventure, dont on ne sortait pas toujours vivant. Il fallait franchir sur des centaines de *li* les Trois Gorges, les gorges de Chutang, les gorges de Wu et les gorges de Yichang. Les bateliers calculaient longuement, avant de s'engager, le niveau des eaux, la force du courant, l'étiage des rochers et des récifs, le vol des faucons au-dessus des tourbillons, la densité de la vapeur d'eau aux passages les plus difficiles. Un bateau ne s'engageait pas à la suite d'un autre, avant d'être assuré que son prédécesseur avait réussi le passage. Armés d'un fanion rouge, des soldats sur la rive donnaient le départ ou arrêtaient la barque. Il fallait parfois attendre plusieurs jours pour que les conditions de traversée des gorges soient raisonnablement possibles. Les navigateurs se fiaient à l'expérience des mariniers et aux conseils de la Source de la Sainte Mère des Eaux. On avait surnommé ainsi une crevasse dans la falaise des rives. Si, dans son creux, le voyageur criait : « J'ai soif ! », il était exaucé par une coupe d'eau claire à chaque appel. Quand on approchait des passages périlleux, le silence régnait. Les cris des singes, les appels des corbeaux qui mendient de la nourriture aux voyageurs, tout se taisait. Le cœur des passagers battait ferme. Dès les premiers « chapitres » de ce journal de voyage en poèmes,

Su démontre la richesse de ses ressources. Un des poèmes du second voyage vers le Sud, en 1059, est emporté par un mouvement furieux, de mot en mot, de vers en vers (et la traduction ici trahit, parce qu'elle ralentit dans une langue polysyllabique la précipitation du rythme). De même que dans la course du flot au passage des Trois Gorges il n'y a pas un instant d'accalmie, rien dans le poème de Su qui ne soit élan, mouvement, chevauchée des vagues escortant les voyageurs entraînés sur leur jonque au péril des rapides. Le lecteur a le souffle coupé par les images torrentielles et les métaphores tempétueuses qu'utilise le poète :

Vues de la jonque les montagnes   chevaux au galop
Cent hordes de pur-sang passent en un éclair
Les montagnes sont déchiquetées
leurs sommets changent tout le temps de formes
Les chaînes de collines
prises de panique
s'enfuient
Très haut   là-bas   un sentier étroit
et raide qui serpente
Il y a un homme sur le sentier   très loin
Lui faire signe de la main
L'appeler ?   À quoi bon ?

Le vent dans la voile nous arrache vers le sud
grand oiseau en plein vol dans la poussière d'eau

Dix-neuf ans plus tard, sur le « Rapide des cent pas » de la rivière Ssu, le poète voyageur retrouve le même film accéléré, le même tumulte des eaux, les soubresauts du bateau qui se cogne aux rochers, et les appels des hommes :

Le long rapide chute soudain abruptement
Les vagues bondissent
Droit au sud la barque légère navette qui plonge et ressort
Les oiseaux d'eau s'envolent Le batelier crie très fort
Le fleuve perce un passage à travers les rochers enchevêtrés
rapide comme le lièvre fuyant l'aigle menaçant
comme le pur-sang au galop sur une pente raide de dix mille li
comme une corde du luth qui se rompt à l'improviste
comme la flèche qui file de l'arc
comme la foudre qui éclate tout près
comme la perle d'eau vive sur un lotus
Les quatre montagnes tourbillonnent On a les oreilles assourdies
Bouillonnement de l'eau Remous du courant
Joie du danger entre les falaises

Je suis le dieu du fleuve   fier de ses crues d'automne
Je confie ma vie au changement
à l'alternance du jour et de la nuit
Ne jamais laisser le cœur s'attacher trop longtemps
Amarrons la barque   Remontons à cheval
Rentrons à la maison

8

TRACES D'ENCRE, EMPREINTES DU CŒUR

Comme on dit « un portrait, un paysage, une marine, un tableau de bataille », on pourrait désigner sous le nom de « tableau d'art et d'amitié » le genre qui a donné l'*Atelier* de Courbet et le *Coin de table* de Fantin-Latour, l'*Hommage à Cézanne* de Maurice Denis et *Au rendez-vous des amis* de Max Ernst. Les lettrés de la dynastie Song n'ont pas été davantage des solitaires que les contemporains de Courbet ou de Verlaine, de Cézanne ou d'André Breton. Un tableau de Li Konglin, *La réunion des lettrés du lac de l'Ouest,* qui doit dater des environs de 1087, rassemble autour d'un protecteur et mécène des arts, le prince Wang, et de Su Dongpo, quatorze amis, poètes, calligraphes, peintres, de Mi Fu à Li Konglin lui-même, qui s'est représenté en train d'illustrer un poème de Tao Yuanming. Vêtu de la robe jaune des taoïstes, coiffé d'un haut bonnet noir, Su Dongpo est légèrement plus « étoffé » de visage que dans l'autre portrait qui nous reste de lui, celui de Li Longmien (qui doit être un peu plus ancien). Les calligraphies et les peintures des artistes-lettrés de l'époque témoignent des habitudes d'amitié et de création conviviale des confrères de Su. Quand une peinture de l'un d'eux plaisait à ses amis, ceux-ci inscrivaient dans le ciel ou dans la marge un poème qui commentait, prolongeait et louait l'œuvre. Au fur et à mesure des années, les connaisseurs et les collectionneurs ajoutaient leurs calligraphies aux témoignages des amis et des contemporains du peintre. On cite la présomption cocasse de l'empereur Quianlong (1736-1796), homme énergique mais de goûts discutables, qui ne craignit pas d'inscrire cinquante-trois poèmes-commentaires sur les espaces blancs d'un tableau classique de Houang Kongwang. Shitao, le grand peintre et théoricien de l'art (ses *Propos sur la peinture* ont été rédigés au début du XVIIe siècle), a enrichi un album de paysages qui se trouve au musée d'Osaka en y calligraphiant des poèmes de Su Dongpo sur les quatre saisons. *« Pour rendre les peintures encore plus intéressantes, j'ai recopié les poèmes. Si on chante les rimes, l'esprit de ces paysages devient tout naturellement vivant. »* Il est difficile de concevoir l'équivalent occidental de cet usage, constatait Michael Sullivan, dans sa conférence du Walter Neurath Memorial de 1974. C'est comme si en Europe un critique célèbre rédigeait une note sur la toile d'un Picasso : « C'est que les Chinois ne considèrent pas une peinture comme une œuvre qui se suffit à elle-même, ajoute Sullivan, mais comme un organisme vivant, une accumulation de qualités d'imagination, d'éléments littéraires, historiques, personnels, qui s'enrichissent avec le temps, développant des significations multiples, des associations d'idées, des commentaires. »

On ne peut séparer dans l'œuvre d'un lettré comme Su l'écrivain de l'artiste, et encore moins du peintre, ni distinguer le calligraphe du poète. Pour l'Occidental, le terme de calligraphie évoque l'artifice d'une écriture régie par des modèles stricts, la ronde, la bâtarde, l'onciale, l'écriture gothique, tout ce qu'Henri Michaux résume en quelques mots : *« rigidité, maintien raide,* [...] *corset uniforme de noblesse, de liturgie ».* Michaux oppose à cette prison des signes la liberté savamment gouvernée de l'art calligraphique chinois : *« Les signes chinois ont la grâce de l'impatience, l'envol de la nature, sa diversité, sa façon inégalable de savoir se ployer, rebondir, se redresser. »* Comme un musicien « interprète » sur son instrument une page de musique, le calligraphe chinois *interprète* les caractères. *« Quelle joie naît de cette activité,* écrit Su Dongpo. *Le plaisir qu'en tire l'esprit est en tout point semblable à celui que peut inspirer la Liberté naturelle. »* Le connaisseur déchiffre à la fois dans une calligraphie la signification du texte et l'état d'esprit du scripteur, le message du verbe et le degré de nervosité ou de sérénité de l'artiste, la *« vibration de son âme ».* La calligraphie est en même temps un moyen d'expression du sens et une discipline intérieure, la communication d'un écrit et la présence d'une personnalité, une information et un « exercice spirituel ». Les *« quatre trésors du lettré »* (le pinceau, la pierre à encre, l'encre, le papier) ne servent pas seulement à « faire passer » un poème ou une page de prose, mais à faire sentir le corps et l'esprit de l'écrivain, à déchiffrer *« les empreintes du cœur ».* La qualité première d'une belle calligraphie, c'est la spontanéité. Mais c'est une spontanéité préparée par une patiente gymnastique physique et mentale, celle que conseille Tchouang-tseu quand il donne en exemple *« la danse des grues qui étirent leurs ailes »,* celle de l'enseignement taoïste qui apprend à *« inspirer et expirer de façons diverses, cracher le vieux souffle en introduisant le souffle neuf, faire l'ours, faire l'oiseau qui étend le cou ».*

Si la calligraphie est en Chine l'objet d'un respect qui n'a pas d'équivalent en Occident, c'est qu'elle a précédé de beaucoup la peinture et le dessin. Déjà, à la fin des Han, l'écriture cursive n'est pas le simple instrument d'une information mais, comme le rappelle Pierre Ryckmans dans les notes de sa traduction des écrits de Shitao, elle constitue une expression de la créativité de l'auteur, une recherche esthétique. À cette époque, la peinture n'est encore qu'une activité artisanale, alors que la calligraphie est un art noble. Le peintre est un homme de métier. Le calligraphe appartient à une élite. La calligraphie est l'exercice obligatoire auquel doivent se soumettre les futurs fonctionnaires de l'État, les hommes qui seront sélectionnés par le système des examens littéraires. Longtemps encore, écrit Pierre Ryckmans, la peinture sera considérée « comme une simple excroissance, ou un succédané, de la calligraphie ». Su Dongpo, qui est à la fois haut fonctionnaire, poète, prosateur, calligraphe, musicien et peintre, est à l'avant-garde de son temps. Il oppose la *« forme constante »* des personnages, animaux et objets inanimés, au *« principe constant »* des éléments du paysage. C'est pour réserver ce qui est simple « ressemblance » aux artisans, et pour laisser aux lettrés le privilège de célébrer ce qui est essentiel – montagnes, rochers, bambous, cours d'eau, ciels –, tout ce qui est au-delà et au-dessus de la banale copie de la réalité. Ce que la nature offre à contempler maintient l'esprit libre, sans l'attacher ni le troubler, comme c'est le cas, estiment les taoïstes, avec la *« forme constante ». « L'honnête homme,* écrit Su Dongpo, *promène son attention sur les choses mais il ne s'y attache pas. S'il promène son attention sur les choses, celles-ci, si infimes soient-elles, seront encore assez considérables pour lui procurer de la joie ; si considérables soient-elles, elles ne le seront pas au point de lui occasionner du trouble. Mais s'il attache son attention aux choses, alors même les choses les plus infimes deviendront suffisamment considérables pour lui causer du trouble, et les plus considérables ne pourront suffir à lui procurer la joie. »*

Dans un autre texte, Su Dongpo, à propos de son ami le calligraphe et peintre Yu Ko, développe la distinction entre *« forme constante »* et *« principe constant » : « Hommes, animaux, édifices, structures, tout cela a une forme constante. Montagnes, rochers, bambous, arbres, mouvements de l'eau, fumées, nuages, n'ont pas de forme constante, mais ont un esprit intérieur. Le peintre doit pénétrer leur loi interne et non se borner aux détails, comme peuvent le faire les artistes médiocres. Lorsque Yu Ko peint des bambous, des rochers, des arbres vifs ou morts, il comprend leur croissance et leur déclin, leur liberté et leurs obstacles. »* Ce qu'exprime d'une autre façon un poème dédié précisément à Yu Ko :

Quand Yu Ko peint des bambous
il voit des bambous et non des hommes
Non seulement il ne songe pas aux hommes
mais il oublie totalement son corps
qui est devenu   quand il peint
un bambou qui pousse et croît
et qui redeviendra Yu Ko

Il est certain que cette identification intérieure au « motif » que Su Dongpo admire chez son ami est aussi son propre idéal. Qu'il peigne des bambous ou un saumon, c'est à exprimer l'esprit et non la *« forme constante »* qu'il s'attache. Su « se fait bambou », et « se fait saumon ». Pour lui, peindre un saumon, c'est essayer de devenir saumon dans le rapide, ressentir une joie physique à remonter un torrent, à descendre vers les Sargasses. *« Vous pouvez faire ressemblant, copier aux détails près les écailles, les ouïes, les yeux, les muscles – le saumon restera raide mort s'il n'a pas " l'esprit de saumon ". »*

Ce refus de l'imitation et de la « copie », cette distance que Su veut maintenir entre son regard et les choses, entre son attention et son détachement, donne à ses calligraphies comme à ses peintures leur élégance et leur grâce. C'est l'attitude du sage, qui se maintient en juste équilibre entre l'identification intérieure et le regard « objectif », qui demande à sa réserve et à sa prudence de lui procurer la joie, mais non le trouble.

9

RÉFORMATEURS ET CONSERVATEURS

Lettré riche en savoir, poète de qualité, homme d'État intègre et habile, le déjà vieux Ouyang Xiu mettait tous ses espoirs pour sa succession dans les deux plus brillants de ses cadets, Su Dongpo et Wang Anshi. Tous deux savants, poètes de grand talent, honnêtes et scrupuleux, attentifs à la vie des gens du peuple. Ouyang n'avait pas prévu qu'ils allaient s'opposer et s'estimer en se combattant.

Ni en Chine, ni en Europe, ni aux États-Unis, je n'ai jamais entendu parler de Wang Anshi sans passion, et analyser avec impartialité la longue querelle entre les deux poètes-hommes de gouvernement. Wang le Réformateur est décrit tour à tour comme un politique sage et clairvoyant, qui souhaite à la fois libéraliser le système impérial et mettre un peu de raison et de sens commun dans la vie de l'État, ou comme un fanatique totalitaire, qui confond autorité et brutalité, et qui échoue par manque de souplesse et de psychologie. Su Dongpo est peint alternativement comme un démocrate défenseur des libertés et de la libre expression, ou comme un vieux conservateur racorni, attaché à un formalisme périmé, une caricature d'« humaniste » mollasson. Derrière le procès qu'on fait à Wang se profilent les cauchemars du Grand Incendie des livres par le Grand Empereur Jaune et les destructions causées par le cyclone organisé de la Révolution culturelle. Su Dongpo joue le rôle du « modéré » parfaitement chimérique et inefficace, complice sans le vouloir d'une nouvelle classe de propriétaires terriens, qui exploitent en usuriers les paysans endettés.

Au départ, pourtant, comme au terme, peu de choses séparent les deux hommes. Ils sont totalement d'accord avec leur maître et protecteur Ouyang Xiu, qui prolonge une longue tradition de poésie protestataire et de défense de la paysannerie misérable :

Que penser de ces officiels
dont le devoir serait d'être à la tête du peuple
Ils sont vêtus chaudement sans avoir tissé
Ils sont bien nourris sans avoir labouré
Ils n'ont à la bouche que de grands mots
Ils parlent d'intégrité   parlent de bienveillance
Bienveillance   pour qui ?   Sûrement pas pour le peuple

Intégrité laquelle ? Leur chemin n'est pas droit

Les postes volontairement modestes qu'a occupés Wang, avant son « tout ou rien » au pouvoir, l'expérience accumulée dans les provinces par Su les ont mis tous les deux en contact avec les pauvres gens. Leur générosité d'esprit les a conduits à les défendre. Wang Anshi n'a que mépris, comme Su Dongpo, pour les riches indignes, ceux dont il dit :

Hommes puissants, confits en dignité
ne confondez pas ce que vous avez
avec cela que vous êtes

Les deux hommes partent des mêmes sentiments et du même projet. Mais Su pense que les réformes de Wang aboutissent plutôt à accroître le fardeau qui pèse sur le peuple. Wang pense que Su et ses partisans sont une entrave aux progrès nécessaires.

Deux ans avant sa mort, Wang Anshi est déjà mal portant. Il a renoncé au pouvoir, vit dans la retraite. Su Dongpo lui rend visite à Nankin pour la dernière fois. Les deux poètes sont l'un en face de l'autre, sans animosité et sans amertume. Une fois encore, ils prennent leurs pinceaux et écrivent ensemble des poèmes « en écho ». Wang est un vaincu. Su à ce moment a été libéré de la prison, mais a traversé des années de disgrâce et de pauvreté. Ils savent tous deux que la vie est faite pour tous de hauts et de bas, que *« la lune croît et décroît »*, que le destin nous fait changer de rôles et d'ombres mais pas de substance et d'être. On trouve souvent dans les lyriques grecs et dans l'*Anthologie palatine* le thème des humains comparés à des acteurs ou à des marionnettes. On le trouve aussi dans la poésie de Wang Anshi :

Quand les acteurs sont en scène
l'un est un noble l'autre un manant
Ils savent très bien au fond qu'ils se valent
et n'en tirent ni joie ni peine

Dans ces moments de leurs vies où les deux adversaires se retrouvent presque fraternels, ils surplombent de très haut les discussions de leurs partisans, leurs débats, la guerre intellectuelle et politique entre eux. Ils ne désarment pas par lassitude, parce que les crépuscules apportent avec eux l'indifférence. Au-delà des choix historiques, Wang et Su sont imprégnés de cette religion syncrétiste qui domine la pensée chinoise, le mariage du bouddhisme et du taoïsme avec de fortes traces de confucianisme. Ce n'est pas « de guerre lasse » que Wang a reposé les armes et que Su n'a plus de ressentiment envers son vieil adversaire : c'est parce que tous les deux se retrouvent accordés dans le petit poème de Wang Anshi qui s'appelle « Écrit sur le mur du temple à mi-chemin de la montagne » :

S'il fait chaud   s'asseoir à l'ombre
S'il fait froid   marcher au soleil
Tout n'est rien   sauf le Bouddha
et le Bouddha est tout ce qui est

Mais ce sentiment métaphysique « planant » n'empêche ni l'un ni l'autre d'affronter les problèmes de la Chine des Song, Wang en théoricien, planificateur et réformateur, Su en homme d'action empirique.

La dynastie des Song est aux prises avec deux dangers. La menace extérieure, c'est celle de peuples « barbares » aux marches de l'empire, les Kitai, les Liao, les Kin. Ces tribus guerrières obligent l'État à garder deux fers sur le feu, et à se ruiner en tributs payés aux agresseurs pour s'assurer la paix, en même temps qu'à augmenter sans cesse les armées des frontières au cas où les « barbares » rompraient une paix fragile. (En cent ans l'armée chinoise est passée de 378 000 à 1 162 000 hommes.) Le danger intérieur, Wang et Su sont d'accord pour en constater les conséquences, s'ils diffèrent quant à l'analyse des causes. Ce danger, c'est l'exploitation croissante des paysans pauvres par l'usure que les « koulaks » pratiquent sur eux. C'est la sclérose économique provoquée par les corporations qui assujettissent et asphyxient les artisans et les petits commerçants.

Après des années où il se tient ombrageusement en retrait, Wang Anshi est appelé au pouvoir en 1068. Il l'abandonnera en 1076, le reprendra en 1078 et en sera définitivement éliminé en 1085. Pendant ces deux périodes, il entreprend de réaliser un programme ambitieux et longuement médité. Le plus urgent, c'est d'établir un budget, de s'y tenir, de fixer les dépenses, de ne pas les dépasser, de définir l'assiette des impôts. Les premiers temps, Wang parvient à réduire de 40 % les dépenses de l'État. Il met sur pied parallèlement une économie de monopoles (vin et sel, notamment), un véritable capitalisme d'État. Il modifie les programmes des examens et concours, qu'il estime trop « littéraires » et préparant assez mal les candidats aux tâches économiques et sociales qui seront les leurs. Pour réduire sans courir de risques les dépenses militaires, il organise la « défense nationale » par une combinaison de la conscription classique et d'une sorte de milice permanente, un peu comparable au système suisse actuel, en confiant aux familles la garde et l'entretien d'un cheval pour la cavalerie. Pour alléger le fardeau des paysans, il substitue aux corvées des paiements en monnaie. Il met en marche une révision du cadastre et de la base des impôts.

Il décide que les produits locaux ne seront plus automatiquement envoyés à la capitale, ce qui implique souvent des frais inutiles et des pertes évitables. Il organise un système de dépôts et d'hypothèques applicable à tout l'empire, le stockage par l'État du riz et des céréales afin de stabiliser les prix.

La mise en train de cet ensemble de réformes aussi intelligentes qu'audacieuses (et périlleuses) dépendra, dans chaque domaine, de cette « bureaucratie céleste » dont Wang Anshi ne connaît que trop les terribles défauts et les pernicieuses habitudes. Les faiblesses du vieux despotisme impérial vont s'affirmer avant tout dans la réforme fondamentale que Wang met en œuvre, celle d'une sorte de Crédit Agricole à l'échelle de l'empire. Il s'agit de faciliter le travail des paysans par ce qu'on appellera le système des « jeunes pousses ».

Pour permettre aux paysans d'échapper à l'exploitation usuraire, l'État leur accordera des prêts au moment des semailles, des emblavures et des fumures de printemps, emprunt qu'ils rembourseront avec un intérêt de 20 % au moment de la récolte. C'est là peut-être que les choses échapperont le plus à la volonté de Wang. Son énergie, son autorité parfois impatiente, sa vision anticipatrice et hardie grippent sur la médiocrité des bureaucrates. Les crédits d'État conçus comme une aide à la paysannerie vont, dans la pratique, devenir obligatoires. On ne demande plus son avis au paysan pour l'aider : on lui impose cette aide. Il se voit avec terreur contraint à encaisser une somme dont parfois il pourrait se passer. Les bureaucrates vont se ruer sur lui au moment de la récolte pour « faire rentrer » les crédits, capital et intérêts. C'est sur ce terrain que l'opposition de Su Dongpo et des « conservateurs » a les meilleurs arguments, même si l'ensemble des réformes préconisées et mises en œuvre par Wang Anshi et les réformateurs sont raisonnables et nécessaires.

Si Su Dongpo appartenait à la race des prudents, il a tout ce qu'il faut pour rester à l'abri. À trente et un an, aucune des fonctions qu'il occupe ne le place sur la ligne de front : secrétaire des Archives historiques, magistrat urbain – ces postes engagent peu. Mais à plusieurs reprises Su Dongpo prend des risques. Il écrit à l'Empereur deux lettres d'une audace tranquille et d'un franc-parler total. Su ne s'adresse pas au souverain en courtisan. Le jeune fonctionnaire parle en homme d'État. *« Lorsque Votre Majesté parle d'enrichir le pays, je ne comprends pas si elle entend par là l'enrichissement du peuple ou le sien. En toutes choses, grandes ou petites, il ne faut pas dépendre de la force, mais se conformer à la raison et à la nature des choses.*

« Votre Majesté a contraint les fermiers à lui payer de gros intérêts, et vous êtes entré en compétition dans ce domaine avec les hommes d'affaires à la recherche de profits. Si Votre Majesté prend à cœur le bien-être du peuple, le peuple vous fera confiance en dépit de toutes les rumeurs. Mais si vous cherchez seulement à faire des bénéfices, les mots ne suffiront pas à convaincre le peuple. Si un juge accepte des cadeaux d'un plaideur et se laisse influencer dans ses décisions, le peuple dira qu'il a été acheté. Si un homme s'empare de ce qui ne lui appartient pas, le peuple dira que c'est un voleur. C'est simplement appeler les choses par leur nom. Si vous prélevez un intérêt de 20 % sur les emprunts des fermiers en disant que ce n'est pas par intérêt, le peuple ne vous croira pas, et le monde entier pensera que vous êtes avare et rapace. »

Le jeune Empereur est tenté par la répression. Il voudrait faire plier l'opposition par la force. Su lui rappelle qu'il est impossible de revenir aux méthodes du passé, à la peine de mort pour châtiment de toute résistance. Le problème n'est pas celui des fins auxquelles tendaient les réformes de Wang Anshi, il est celui des moyens. *« Plus vous bannirez des gens de la cour,* écrit Su au jeune Empereur, *plus il s'en dressera pour protester. Il n'est personne dans ce pays qui dans son cœur ne se retourne contre le gouvernement, et toutes les bouches s'ouvrent pour le critiquer. Il ne s'agit plus d'une centaine de personnes, mais de la nation tout entière.* » Su développe avec force une théorie prédémocratique de la liberté de critique et d'expression : « *S'il n'y a pas de critiques sans peur en temps de paix, il n'y aura pas de héros prêts à mourir pour le pays en cas de guerre.* »

Il met en garde le pouvoir contre la tentation de rétablir les peines criminelles par mutilation et supplice. Il exhorte le prince de se préoccuper plutôt des problèmes de l'économie, des dettes des paysans, du danger des monopoles d'État du vin et du sel, de la brutalité des percepteurs de taxes.

L'Empereur garde le silence. Pour ajouter le défi à sa désapprobation, Su Dongpo, chargé de choisir le sujet d'examen pour l'année 1071, donne comme thème à traiter : « *De la dictature.* »

Les hommes du gouvernement contre-attaquent. Ils ouvrent une enquête sur de prétendus détournements des biens d'État qu'aurait commis Su Dongpo. Mais pendant que ses ennemis tissent les fils du piège où ils veulent le capturer, l'Empereur le nomme magistrat délégué à Hangchou, la belle cité du Sud-Ouest. Pendant que le clan du pouvoir travaille à *punir* Su, l'Empereur semble plutôt enclin à le récompenser, et à tenir sa franchise pour un mérite. De 1069 à 1079, Su Dongpo semble à l'abri de ses ennemis. Mais ceux-ci travaillent dans l'ombre.

10

CENT TRENTE JOURS EN PRISON

Fatigué par la lutte avec ses critiques et ses adversaires, par les alternances de victoires politiques et d'échecs économiques, écœuré par les intrigues de ses « partisans », Wang Anshi demande en 1076 à l'Empereur d'être relevé de ses fonctions de Premier ministre. Il n'a pas de ressentiment contre des hommes comme Su Dongpo, qui ont toujours contesté à visage ouvert sa politique. Dans ses fonctions, Su connaît la misérable situation des paysans, pris entre la prison pour dettes (dix-sept mille prisonniers en 1075), les invasions de sauterelles, les menaces de famines, la pénurie de sel, devenu monopole d'État.

La retraite de Wang Anshi n'arrête pas, au contraire, la cavalcade cauteleuse des complots, intrigues, manœuvres. Les successeurs de Wang, qui furent ses créatures et sont d'ailleurs tout prêts à le trahir, décident de se débarrasser des « mauvais esprits », et d'abord de Su Dongpo. Ils lancent une offensive de grand style. Ni l'Empereur ni l'Impératrice douairière (qui va disparaître au fort de la bataille) ne sont hostiles à Su. Ils « lâchent du mou », comme disent les pêcheurs, devant les attaques venues du Censorat, seulement décidés à ne pas laisser les choses aller trop loin. Ce qu'ignore Su Dongpo : arrêté à Huchou en 1079, sous l'inculpation de « diffamation de l'Empereur », menacé de la peine de mort, transporté à la capitale, détenu dans la prison des Censeurs impériaux, son procès va se prolonger. Il y a peu de choses dans le « dossier Su Dongpo ». Mais ce peu de choses-là, un lettré chinois doublé d'un politicien rusé peut en tirer un beau parti. L'art de l'allusion historique ou littéraire, de la citation « détournée », de la référence subtile est un jeu traditionnel de la poésie chinoise. Les censeurs, acharnés à perdre Su, épluchent vers par vers, mot par mot, des poèmes où l'on peut trouver des intentions satiriques et critiques, mais qu'ils entendent interpréter comme des outrages délibérés à la majesté impériale. Deux vers sur les cyprès, où Su parle d'un dragon caché dans les racines des arbres, vont devenir l'enjeu de sa vie sauve ou de sa condamnation. Les procureurs cherchent à démontrer qu'en parlant d'un dragon, Su désigne l'Empereur. Or, un empereur ne peut pas sans insulte être décrit comme une créature qui vit sous terre : sa place, sa seule place, est au Ciel.

Les minutes du procès de Su sont de nos jours une aubaine pour les universitaires explicateurs de textes : les procureurs y décortiquent de nombreux poèmes. Les accusateurs cherchent à en extraire les preuves de la culpabilité de Su. L'inculpé démontre que ses intentions sont souvent critiques, mais jamais calomniatrices ou irrespectueuses du souverain.

Pendant cent trente jours Su Dongpo va se battre, passant du désespoir à l'accalmie, de l'abattement au courage. Il est finalement libéré. L'Empereur a imposé un compromis : Su est innocent, il ne sera donc pas condamné. Mais il n'est peut-être pas *totalement* innocent de malice, de « mauvais esprit », d'hostilité à la bureaucratie. Il sera donc banni dans une petite ville, sans fonction ni traitement. N'importe. Il est libre. La joie l'enivre :

Après cent jours la liberté   presque le printemps
Les années qui me restent je vivrai dans la joie
La porte franchie   envie de danser   le vent sur le visage
Au galop mon cheval !   Les pies nous acclament
Vidons une coupe de vin   Je rêve un rêve
Prendre un pinceau   laisser venir en moi un poème
Pourquoi reprocher à quiconque le malheur passé ?
J'aurais dû refuser les fonctions et les charges.

La retraite de Wang Anshi, puis sa mort, les distances de plus en plus grandes que Su va prendre avec les intrigues de cour et les luttes pour le pouvoir n'empêchent pas le combat entre les « conservateurs » et les « radicaux », les « dirigistes » et les « libéraux » de se poursuivre avec des avancées et des reculs. À la fin, c'est Fortinbras qui mettra d'accord les adversaires, laissant les historiens perplexes sur les responsabilités de Wang et de Su, sur les chances de succès des réformes inachevées et sur les arguments des conservateurs. Su est mort depuis plus de vingt ans quand une tribu mongole, la Horde d'or des Kin, envahit le pays, s'empare de la capitale, la met à sac et la détruit, emmenant l'Empereur en captivité. Il y périra tragiquement. La dynastie des Song disparaît en 1126.

Et la plainte de la paysanne continue à s'exhaler, continuera longtemps :

Le riz cette année met longtemps à mûrir
On voit déjà venir le gel et le vent
Givre Gel Vent Grêle Pluie
Le manche des outils est moisi
la lame de la faucille est rouillée
La paysanne n'a plus de larmes
ses yeux sont secs Il pleut toujours
Les rafales couchent les épis jaunes
Elle dort au bord de son champ

guettant les éclaircies pour rentrer le riz
Elle peine et sue pour le porter au marché
Elle supplie qu'on le lui achète
mais le prix est trop bas
Comment va-t-on payer les impôts ?
Elle vend son bœuf   démantèle sa maison
Les magistrats veulent des espèces
et n'autorisent pas à s'acquitter en riz
Tout cela pour acheter la paix aux Barbares

Est-ce qu'il ne valait pas mieux
être les femmes d'autrefois
qu'on sacrifiait aux dieux du fleuve ?

11

LA POÉSIE AU CORPS

Qu'il peigne, qu'il écrive des poèmes, c'est avec son corps et son cœur, sa tête et ses entrailles. Su Dongpo est en ceci proche de Claudel : il vit sa poésie et sa peinture comme un travail de l'esprit et une germination du corps, comme un exercice spirituel et comme un mouvement physique. En marge de la peinture qu'il trace sur le mur vierge d'une maison amie, il peut écrire :

Grâce à la douce humidité du vin
mon ventre vit fermente et germe
et du fond de mon foie et de mes poumons
les bambous   les arbres   les rochers
surgissent irrésistiblement
emplissant ma poitrine
pour imprimer leur vie sur la blancheur du mur

Quand Su fait l'éloge d'un vieil ermite apiculteur, il sait ce qu'il dit quand il le montre « crachant ses poèmes » :

Le vieux moine-poète vivait en ermite
se nourrissant seulement du miel de ses abeilles
Personne ne savait que dans chaque goutte de miel
né de la beauté des herbes et des fleurs
se cachaient les secrets des poèmes naissant
Quand le vieil homme mangeait son miel
et crachait en retour de nouveaux poèmes
il savait qu'il était un vrai enfant du monde
où le miel est poème   et les poèmes miel

12

LES ARTS DU SPONTANÉ

Comme tous ses amis lettrés, Su Dongpo pense que ses activités de poète, de calligraphe, de peintre, de « critique » et de « méditateur » sont, fondamentalement, un seul mode d'expression. On citera mille fois les axiomes sur Tu Fu ou Wang Wei : *« Les poèmes de Tu Fu sont des peintures sans forme, les peintures de Wang Wei sont des poèmes sans mots. »* Ce qu'Oswald Siren constate en disant que « Su est naturellement poète : peu importe qu'il s'exprime avec les symboles abstraits de l'écriture, les caractères, ou en utilisant la silhouette naturelle des arbres et des bambous – l'esprit est toujours le même, et même le rythme du pinceau ».

Le médium préféré de Su et de la plupart de ses compagnons, c'est l'encre, l'eau et le pinceau, le lavis ou le dessin au trait et, avant tout, ce *« coup de pinceau unique »* que théorisera plus tard Shitao, mais que dès les Song mettent en œuvre les « peintres-lettrés ». Qu'il s'agisse de tracer des caractères ou de peindre, ces artistes pratiquent ce qu'on baptisera mille ans plus tard l'*action painting*. La spontanéité est leur objectif premier. « *C'est quand on abandonne l'idée de bien écrire que l'on se met à bien écrire,* note Su. *Mon écriture n'est pas excellente, mais il s'y manifeste quelque chose de nouveau. Je ne marche pas dans les pas des anciens et c'est justement cela qui me réjouit tant.* » Quand il analyse les vertus que l'écriture doit avoir à ses yeux, il écarte d'emblée le souci de *plaire,* cette faiblesse que critiquera plus tard un calligraphe et peintre de la fin du XIXe siècle, Liou Xizai : « *En calligraphie, ce n'est pas de plaire qui est difficile, mais de ne pas chercher à plaire. Le désir de plaire rend l'écriture convenue, son absence la rend ingénue et vraie.* » Pour Su, « *une écriture doit avoir de la physionomie, de l'énergie, de l'ossature, de la chair et du sang qui circule dans ses artères* ».

Le choix des pinceaux doit être adapté au sujet : pinceaux de moustaches de souris ou de rat, de poils de lapins blancs tués en automne, de fourrure de renard ou d'agneau. L'encre doit être d'un beau noir *vrai,* moulé dans un bâtonnet qui est lui-même déjà une œuvre d'art. Sur la tenue du pinceau, Su Dongpo est à la fois précis et très ouvert : « *Il n'y a pas de règle établie pour tenir un pinceau,* dit-il. *L'essentiel est que la paume de la main soit bien creusée et les doigts rigides et fermes. Le pinceau doit être tenu verticalement avant que la pointe ne touche le papier. Mais une fois que l'œuvre est commencée, l'artiste doit pouvoir permettre à son pinceau de s'incliner comme il le voudra.* » Tout en contrôlant et en gouvernant les chemins de l'encre, du trait extrêmement fin à l'éclaboussure, du point à la tache, du noir absolu au lavis, le peintre-lettré ne redoute pas les « jeux d'encre », l'utilisation savante du hasard, les trouvailles que la main en liberté offre à l'œil. On sent souvent dans les poèmes de Su Dongpo la présence du noir des peintures à l'encre :

Nuages noirs   taches d'encre noire éparpillées sur les collines
Pluie pâle   rebondissantes perles qui s'abattent sur le lac
Le vent rebrousse-campagne   les emporte et les disperse
Sous la tour de guet sur le lac   l'eau et le ciel sont un

Un des compagnons des « jeux d'encre » de Su dira à la fin de la vie de celui-ci : *« Le vieux Dongpo, le Seigneur de la Forêt des pinceaux, quand il est ivre, vomit l'encre de son cerveau. »*

Un des garants de la spontanéité et du naturel, c'est la combinaison d'un peu d'alcool (le vin jaune de riz) et de l'extrême rapidité : l'ami et disciple de Su, Mi Fu (qui était de dix ans plus jeune), a laissé de vivants récits des *« parties d'encre »* des deux amateurs. Mi Fu en 1092 est sous-préfet à Yongchiou. Il reçoit Su, de passage, en train de rejoindre sa préfecture de Hangchou. On a préparé deux tables, trois cents feuilles du meilleur papier, les « trésors du lettré », des cruches d'excellent vin et des « amuse-gueules ». Deux petits serviteurs sont mobilisés pour broyer l'encre. Ils suffisent à peine à fournir les « combattants ». Su et Mi ont choisi un thème dont ils ne se lasseront jamais : les bambous. Su boit assez peu. Il lui suffit d'être un peu gris. Le soir venu, la nuit tombée, les trois cents feuilles seront achevées.

Mille ans plus tard, les peintres occidentaux se réclament souvent de la peinture chinoise, et de l'Asie en général, pour pratiquer un art qui refuse de *figurer* quoi que ce soit, un art qui voudrait ccomplir les noces du geste avec le hasard. Un peintre allemand émigré aux États-Unis, Hans Hofmann, apporte à New York ce qu'il appelle le *push and pull,* un procédé que Nello Ponente, dans le merveilleux charabia des commentateurs, appelle une technique qui consiste à « défoncer les plans, par le choc permanent d'impulsions contraires ». Rapidité, spontanéité, les « peintres-lettrés » retrouveraient ces caractères dans la peinture de la fin du XXe siècle, mais le contexte est bien différent. Le *dripping* de Jackson Pollock, qui « égoutte » son gros pinceau sur la toile, l'*action painting* que Harold Rosenberg théorisera à New York, les gifles de peinture que Willem De Kooning inflige à la toile, les éclairs noirs de Kline ou de Hartung, qui giclent comme Dongpo *« vomit l'encre de son cerveau »,* les dégoulinures, salissures, éclatements de Joan Mitchell, cette peinture, « automatique » comme peut l'être l'écriture, a plusieurs caractères des pratiques de Su et de ses amis – sauf que cet art leur est exactement opposé. L'improvisation des peintres Song est le contraire de la crispation et de l'effort, de la brutalité d'une « gestuelle » de combat. Nos contemporains ne se dénouent pas, ils se déchaînent. Les formes diverses de cette peinture-action ont un trait commun : la violence, l'agressivité, la recherche du choc, la quête d'une sauvagerie volontaire. C'est un art martial, sans la rigueur des arts martiaux d'Orient. Les Barbares ne sont pas à Hangchou en 1080, mais à New York et Paris aujourd'hui.

Pendant une de leurs « sessions » d'improvisation, Mi Fu observe son ami en action : *« Su Dongpo peignait des bambous à l'encre, qui s'élancent d'un seul jet de la terre jusqu'à la cime. Je lui demandai pourquoi il ne les divisait pas selon les nœuds successifs. Il me répondit : " Pendant la croissance des bambous, se forme-t-il une succession de nœuds ? Non. La poussée de la vie est continue, et les nœuds se marquent seulement lorsque la sève se liquéfie. L'idée (du peintre au travail) maintient l'élan, elle ignore le durcissement, elle est instantanée, il n'y a pas place en elle pour une succession d'instants discontinus. L'activité de la pensée est continue et invisible. " »* Le même principe de spontanéité à l'image de la nature, de quasi-« écriture automatique » gouverne Su quand il peint un paysage ou une surface d'eau. Il refuse de « travailler sur le motif ». *« Le peintre doit-il s'obliger à noter ce qu'il ne veut pas oublier ? Il n'en est rien (...) Lorsqu'on est ivre, ce n'est pas avec le nez qu'on boit. Quand on rêve, ce n'est pas avec les pieds qu'on prend les choses. Celui qu'anime l'élan de la création se souvient sans avoir à se forcer. »* Devant un cours d'eau, Su refuse de même la technique « naturaliste » de ceux qui *« font de lointaines étendues d'eau plissées de fines vagues. Ceux qui font cela parviennent seulement à figurer la crête des vagues. Le style de ces œuvres est maladroit. Sous les Tang du Sud, au contraire, Su Anwei eut l'idée de peindre des torrents impétueux, qui serpentaient entre les montagnes et les pierres, en épousant la forme des choses. Il peignit le mouvement changeant de l'eau ».*

Ce que Su admire chez les peintres véritables et notamment chez son ami et disciple Mi Fu, c'est toujours le premier des *Six canons de la peinture* : l'élan, la vie, le mouvement naturel. Il a toujours la sensation d'être « purifié » par ce style-là. À la fin de sa vie, revenant du dur et amer exil dans l'île de Hainan, il écrit à son ami : *« Je pense à vous, Mi Fu, à votre souffle qui s'élève au-dessus des nuages, à votre style littéraire pur, vigoureux, éloigné du commun, à vos caractères en calligraphie, dont la beauté me fait entrer en extase. Quand pourrai-je vous voir, et me purifier ainsi du poison pestilentiel que les années ont accumulé en moi ? »*

Quand il revient à Paris pour la dernière fois, Lo Dakang m'apporte le texte et le mot à mot d'un poème de Mi Fu que je ne connaissais pas. « Je me souviens, dit-il, que c'est un poème de Su Dongpo sur le clair de lune au-dessus du lac de l'Ouest qui vous amena à l'aimer. Je pense que vous serez touché de retrouver chez Mi Fu la même lumière » :

Revenant vers le temple   sur l'eau du lac
Eau   Ciel   Pensées   Extrême pureté
La lune est blanche et pâle et calme
Elle nous éclaire et nous donne sa paix

Eau   miroir de lune   Lune   miroir de paix
Les nuages glissent en silence dans le ciel
Je suis ici   sur l'eau   sans passions
dans la profondeur pâle du clair de lune

Su Dongpo ne devait jamais plus revoir Mi Fu. Je n'ai plus revu Lo Dakang. Mais la même lune éclaire en ce moment à Hangchou la même eau, et pour remercier notre ami de l'an Mil et l'ami de ce temps-ci, j'ai traduit avec Yang Kuokuang *le* poème de Su Dongpo sur ce qui nous tient à cœur à tous les quatre, Su, Mi, Lo et moi : la poésie et la peinture :

Qui dit qu'une peinture doit être ressemblante ?
Celui qui dit cela a l'esprit d'un enfant
Qui dit qu'un poème doit traiter un sujet ?
Celui qui dit cela ne sent pas la poésie.
Poésie et peinture ont un seul et même but
la fraîcheur très exacte l'habileté sans effort.
Les hirondelles de Bian Luan volent sur le papier
Les fleurs de Chuo Chang embaument sur la toile.
Mais que sont-elles en dehors du rouleau ?
La hardiesse du trait l'esprit dans chaque touche
Qui donc aurait pu croire qu'une légère tache rouge
suffise à faire surgir le printemps sauvage?

13

LES DEUX FRÈRES

La carrière administrative de Su combine les règles des séjours en poste (jamais plus de trois ans dans le même endroit) avec les hasards des luttes entre les partis. Un jour Su est un haut fonctionnaire respecté et écouté. Le lendemain il n'est plus rien, figurant dédaigné, réprouvé, transparent. Quand il n'est pas en prison. Mais le plus dur pour lui, ce n'est pas seulement le perpétuel arrachement, l'éternel voyage, les compagnons de travail, de poésie ou de plaisirs qu'il faut quitter, souvent pour ne plus jamais les revoir, les nouveaux visages à déchiffrer. La constante blessure, c'est l'absence du petit frère très aimé. Entre ses débuts dans l'administration impériale et sa mort, Su et son frère Tseyu auront à peine passé quelques mois ensemble. Séparés par les nominations et les postes, à des milliers de *li* l'un de l'autre, les deux frères seront toujours proches par les sentiments, accordés dans les jugements politiques, côte à côte dans les luttes entre clans et opinions. Quand en 1071 ils doivent une fois de plus prendre congé, ils ne savent pas que leur séparation va durer six ans, mais ils ne se résignent pas à se quitter. Tseyu accompagne Dongpo, demeure avec lui quinze jours chez leur vieux maître et modèle Ouyang Xiu, passe la dernière nuit en conversation avec son frère et reste longuement à le regarder s'éloigner, sur son petit cheval, les larmes aux yeux.

Les deux frères pratiquent souvent une forme poétique qui n'a pas seulement une définition prosodique mais correspond aussi à un choix affectif : ils échangent (au moins une fois par mois, quelle que soit la distance qui les sépare) des poèmes *ho,* c'est-à-dire « en écho ». Les poèmes en écho se répondent en utilisant les mêmes rimes, les mêmes rythmes. Su Dongpo pratique les poèmes en écho avec son frère, avec ses contemporains, mais aussi bien avec les classiques. À la fin de sa vie, il offrira en hommage au grand Tao Yuanming une suite de « poèmes en écho » avec un recueil célèbre de son Maître.

Souvent un poème de Tseyu est un écho des poèmes d'adieux de son frère, comme celui-ci, écrit après le départ pour Hangchou de Dongpo en 1071 :

Le vent d'ouest gonfle les voiles
Nos larmes tombent dans l'eau du Ying
Je sais bien qu'il est vain
de vouloir retarder l'heure du départ
Ne laissons rien perdre des derniers instants
Trois fois on nous a déjà séparés l'un de l'autre
mais cet arrachement est le plus amer
Frère   comme tu ressembles à notre pauvre père
calme   discret   réservé   mais fort
Tous deux des hommes de peu de mots
mais de sagesse et de courage

Su et Tseyu ont à leur disposition, dans toutes les circonstances, un fonds commun de souvenirs. Dans un poème à son frère, Su évoque les fêtes du Nouvel An de leur enfance :

Le Nouvel An   sais-tu ce que c'est ?
Serpent se faufilant à l'intérieur d'un trou
la moitié des écailles a déjà disparu
Comment empêcher le temps de s'enfuir ?
Lui attraper la queue et tirer   Vraiment ?
Tire   tire   tire bien   Ça ne servira à rien
Les enfants essaient de ne pas dormir
Ils bavardent et rebavardent
pour garder les yeux ouverts
et pour entendre au petit jour

le premier coq de la journée
Nous sommes restés si longtemps
que la lampe s'est éteinte
La Grande Ourse penche ses étoiles
Comment croire que l'An nouveau
ne va pas arriver chez nous ?
Que va-t-il nous apporter ?
J'essaie de tenir bon cette nuit
parce que je suis jeune et costaud

Tout au long de leur vie, les souvenirs partagés réchauffent les deux frères. Dans leurs poèmes, les verts paradis de l'enfance ne se flétrissent jamais. Les plaisirs et les jeux de leurs douze ans sont toujours vifs et immédiatement présents. Dongpo et Tseyu ne viennent pas seulement du même pays, ce Szechuan qu'on nomme le pays de Shu : ils viennent de la contrée d'enfance, celle que ne quittent jamais tout à fait ceux qui savent, devenus « grandes personnes », continuer à donner la main à l'enfant qu'ils furent.

Dans le jeu des vers en écho, Tseyu et Dongpo font souvent se croiser des poèmes sur leurs années d'enfance.

Les gens de Shu travaillent dur
pour se nourrir et se vêtir
Les gens de Shu s'arrêtent rarement

pour prendre du repos
Si mille hommes labourent et sèment
dix mille personnes mangeront à leur faim
Si dans l'année on sue et prend de la peine
on pourra se reposer un peu au printemps
et ce sera le temps de la Foire aux vers à soie
L'an dernier à la première gelée
on a coupé les roseaux de l'automne
Les châssis pour les vers à soie
sont bien rangés dans les collines
On va tailler des courges
pour faire des quenouilles
on va tourner des pots de terre
Il n'y a pas que la soie très fine et les bijoux
pour attirer la foule   Te souviens-tu Tseyu
quand nous étions petits ?
C'était pareil chaque année
Nous laissions tomber nos livres
et courions à la Foire
Les colporteurs rivalisaient
pour vanter leur marchandise
Les paysans   bouche bée
se laissaient plumer
Ton poème   mon frère
a fait remonter les temps d'autrefois
Ce n'est pas seulement la maison disparue
que je voudrais retrouver
mais le temps perdu que je cherche

Plus tard, quand Su sera père à son tour, aux prises avec trois garçons, il retrouve en Tai, Mai et Kuo les petits garçons que furent son frère et lui, et il les décrit avec une tendresse souriante :

Les enfants ne savent pas ce que sont les soucis
Je veux partir et ils se pendent à mes basques
Je veux les gronder
mais ma femme les encourage dans leurs bêtises
Elle dit qu'ils sont insupportables
mais que je ne vaux pas mieux
À quoi ça peut mener de se faire du souci ?
Frappé par ce qu'elle dit   calmé   je me rassieds
Elle rince une coupe   me verse un peu de vin
et pose la coupe devant moi
Ma femme vaut tout de même mieux
que celle de Liou Ling qui grognait tout le temps
et voulait l'empêcher de boire un peu de vin.

La correspondance de Dongpo et Tseyu est belle comme celle de Van Gogh avec son frère. L'amour fraternel a-t-il jamais exprimé avec plus de modestie et de force à mi-voix son rêve de bonheur, que Dongpo décrit ici comme s'il souriait doucement en le formulant : *« Pourquoi suis-je ivre sans avoir bu ? Quand ton cheval tourna le dos au mien, mon cœur l'a suivi. J'ai jeté un dernier regard en arrière, et j'ai vu ton chapeau noir qui montait et descendait le long du chemin au rythme du cheval. Je me faisais du souci de te voir si légèrement vêtu par ce temps, monté sur un cheval qui n'a que la peau sur les os, dans cette froide lune sur son déclin. J'ai croisé des passants qui bavardaient joyeusement. Ils ont dû se demander pourquoi j'avais l'air si triste. Je sais bien que la vie est faite de séparations et j'ai peur que les mois et les années passent bien trop vite entre nous. Souviens-toi, frère, où que tu sois assis sous la lampe par une froide nuit d'hiver, de la promesse que nous nous sommes faite, de dormir dans deux lits face à face en écoutant la pluie tomber dans le noir. N'oublie pas, et ne nous laissons pas détourner par les ambitions officielles... »*

Su Dongpo n'a jamais négligé ses « devoirs d'État ». Quel que soit son titre, sa fonction officielle, il a l'œil à tout. Il est tour à tour juge et ingénieur, hydraulicien et architecte, trésorier et collecteur de fonds pour les grands travaux qu'il dirige. Il crée des hopitaux, des asiles, des écoles. Mais en même temps, il refuse de prendre au sérieux l'apparat et l'appareil du pouvoir, et de « se croire » parce qu'on respecte en lui davantage le représentant de l'Empereur que le lettré et le poète. *« J'ai appris à contresigner les documents officiels,* écrit-il à Tseyu, *à présider une audience de justice. Je remplis chaque jour mes devoirs, sans demander ce que ça signifie.*

Avant qu'un lettré ait obtenu un poste, il se tourmente pour savoir s'il l'aura. Si quand il l'a eu il se tourmente à l'idée de le perdre, qu'est-ce que c'est que cette vie ? Je me sens comme un voyageur fatigué qui trouve sur la route un cours d'eau clair. Que j'aimerais me laver de la poussière du chemin, me plonger dans l'eau vive ! J'ai dû me détourner des ruisseaux du Sud, où chantent les oiseaux de l'été, pour accomplir mes tâches administratives. L'automne est déjà là. Chaque matin je reçois des ordres pour fournir du bois de charpente, pour lever de la main-d'œuvre. Qui oserait se plaindre d'être au service de l'Empereur ? Mais la dure vie des pauvres gens est une honte. Je vois des centaines d'hommes aux prises avec les troncs. Le travail est si dur qu'il leur faut s'arrêter tout le temps pour reprendre souffle. Leurs rations sont à peine suffisantes pour remplir l'estomac. Comment pourrait-on penser à autre chose ? »

Plus tard, dans une autre lettre à Tseyu, Dongpo soupire : *« Il y a des choses qui m'ont fait honte, et dont j'ai honte de n'avoir presque plus honte. Être assis en face de prisonniers en haillons et les regarder être fouettés (...) En parlant à mes supérieurs, ma bouche dit " Oui " et mon cœur dit " Non ! ". À quoi bon occuper une haute position, si c'est pour se laisser dégrader ainsi ? Mon âme se ratatine et se dessèche, et elle n'est plus ce qu'elle fut. »* Mais qu'une inondation menace la cité dont il est responsable, Dongpo travaille jour et nuit, organise les défenses contre les eaux, passe les nuits dans un gourbi de fortune installé au sommet des remparts, fait un barrage de son corps pour empêcher les riches de fuir la ville et de semer la panique, mobilise l'armée pour construire des digues de bois, parvient à juguler le fléau et à gagner la reconnaissance du peuple. Le fonctionnaire bienfaisant et le grand poète se réconcilient en lui, malgré ses remords et ses scrupules. Pendant la fin de l'inondation, il a fait ériger au-dessus de la ville une grande tour jaune, et *La Tour jaune* sera le titre qu'il donnera à un volume de poèmes publié en 1074. En même temps, Dongpo a visité une à une les prisons, pris des sanctions sévères contre les geôliers qui battent à mort les prisonniers, créé le poste de médecin de prison et amélioré les conditions d'hygiène pénitentiaire. Et quand il se regarde, en grand uniforme de vice-gouverneur et de magistrat, il sourit de lui-même :

Par nature je suis un daim sauvage
et ne peux supporter ni harnais ni longe
À quoi bon ces dorures et ces accoutrements
les boucles de jade et les brides de soie ?
Laissons les spectateurs admirer cela

Mais quand Su, une fois de plus, se retrouve en disgrâce, en exil, solitaire, séparé de Tseyu, c'est vers celui-ci que va sa pensée, vers les souvenirs des belles années disparues.

Les cent rivières coulent jour et nuit
et nous aussi   comme toutes choses
Seul le cœur ne bouge pas
qui s'accroche au passé
Je me souviens des jours près de la Huai
Nous fermions les portes
pour nous protéger de la chaleur d'automne
Nous faisions griller des pois
Nous étudiions les classiques
Nous essuyions la sueur sur nos fronts
Soudain le vent d'Ouest soufflait glacé
Tu te levais pour prendre un vêtement plus chaud
et tu m'en apportais un
La jeunesse s'en est allée de nous
Est-ce que le bonheur reviendra ?
Je sens un frisson de tristesse
et maintenant nous sommes vieux
Il est trop tard pour retrouver la route
trop tard   j'en ai peur   pour étudier la Voie
Je m'occupe seulement d'acheter une terre
de construire une petite maison
Elle sera prête au printemps
Si nous pouvions y passer les nuits
avec le vent et la pluie dehors
J'entends déjà ta voix qui me parle

Dès que le passé resurgit, il a la voix de Tseyu. Quand Dongpo revoit et revit les fêtes de printemps à la campagne, au moment où les citadins vont pique-niquer aux champs, on sent une présence rieuse à ses côtés, dans la foule des badauds : « le petit frère ».

Le vent d'Est couvre la route de fine poussière
C'est l'occasion pour les flaneurs
de savourer le printemps
le temps de vivre à la douce
de boire un petit verre à l'échoppe
Les céréales sont trop courtes encore
pour avoir peur des roues
Les citadins en ont assez des murs
Ils sortent dès l'aube et la ville se vide
Chansons et tambours et rires dans les collines
L'herbe et les arbres battent la mesure
Partout dans les champs des paniers de pique-nique
C'est la fête des corbeaux voleurs
Les gens sont attroupés là-bas
Qu'est-ce que c'est ?
Le bonimenteur prétend être un saint homme
Il embouteille la rue
Il vend des charmes en aboyant
« Garanti extra pour les vers à soie !
Vous aurez des cocons gros comme des jarres
Garanti extra pour le bétail et pour les gens

Vous aurez des moutons aussi gros que des daims »
Les badauds ne sont pas sûrs de croire ce qu'il dit
mais ils achètent ses charmes
pour saluer le printemps
Le saint homme empoche leur argent
et va faire un détour chez le marchand de vin
Ivre mort il marmonne
« Mes charmes sont garantis »

14

L'EXILÉ DE LA PENTE DE L'EST

Dongpo, la Pente de l'Est. Le nom d'écrivain d'un des plus célèbres poètes chinois désigne, lorsqu'il arrive en exil à Huangchou, un trou perdu du Hopei entouré de beaux paysages, une sorte de terrain vague en pente, qui a servi de camp et de champ de manœuvre à l'armée et qui est devenu un dépotoir, terre en friche depuis des années, quelques arpents desséchés, débris de tuiles, tessons de cruches, déchets de toutes sortes. Et (pour tout arranger) un terrain même pas plan, mais en pente assez raide.

Su a sauvé sa tête. Survivre est bon. Reste à vivre. Il a charge d'âmes, nombreuses. Plus de traitement, aucun revenu fixe. Il va falloir faire durer les économies qui lui restent. Il s'autorise à dépenser 150 *tsiens* par jour. Au début de chaque mois, il fractionne 4 500 sapèques en trente « ligatures » de *tsiens* qu'il accroche au plafond. Chaque matin, il prend la grande perche de bambou à crochet qui sert en général à suspendre les rouleaux verticaux de peinture, descend la ligature du jour en prélevant dessus une petite somme, afin de pouvoir faire honneur aux visiteurs inattendus. Le banni a calculé que son magot peut lui durer un an. On verra après.

Les vieux amis lui restent fidèles, et au premier rang Ma Mengte, qui ne quitte Su ni dans la bonne ni dans la mauvaise fortune. *« Ma est fou,* dit Su, *il croit peut-être qu'un jour il fera fortune en ma compagnie. »*

La notoriété de Su, sa convivialité naturelle lui gagnent très vite de nouveaux amis. Il s'est lié en ville avec Maître Wang, qui a toujours sous la main un poulet auquel tordre le cou, et du millet à cuire. Pan le marchand de vin vend bon marché un vin de riz excellent. Les kakis, les mandarines, les taros coûtent peu. Le riz coûte 20 *tsiens* le boisseau. Il y a de la viande de mouton en quantité, des poissons, des crabes, des coquillages. L'inspecteur du Bureau des vins a apporté avec lui des livres classiques qu'il aime prêter. Par les nuits de pleine lune les compagnons s'en vont en barque au fil de l'eau, vidant des coupes de vin en récitant des poèmes. Su a plusieurs amis qui sont grands buveurs. Lui préfère la qualité de l'ivresse à la quantité d'alcool. Deux coupes de vin lui suffisent à dériver, heureux dans une griserie qui s'achève en sommeil profond.

Au bout d'un an (Su en passera presque quatre

dans l'exil de Huangchou), le plafond des ligatures de sapèques est vide. Su a bâti et décoré une maison, l'ensemble de pièces et de pavillons que couronne le Studio de la Neige, construit pour recevoir les amis. Un ami de Su a obtenu du district qu'on accorde à l'exilé de pouvoir défricher et cultiver la Pente de l'Est. Il a relevé sa robe, retroussé ses manches, empoigné bêche et pelle et les mancherons de la charrue. Il attaque hardi les broussailles, les ronces, la maigre terre, pouilleuse après des années de friche. L'année précédente, c'était Su Dongpo, le « peintre-lettré », qui décorait de paysages et de peintures de bambous les murs du Studio de la Neige, Mi Fu et Lu Yu venaient y peindre et écrire des poèmes avec lui. Maintenant, c'est le défricheur, le laboureur qui passe à l'action. Il aménage une petite retenue d'eau pour faire des réserves pendant la saison des pluies, remet en état un puits abandonné, plante un saule pleureur, un verger d'arbres à fruits, un peu de thé, des mûriers, maçonne un petit bassin pour faire de la pisciculture, échange des graines, des boutures et des plants avec ses voisins. *« Comme vous le voyez,* écrit Su à ses amis, *que puis-je demander de plus ? J'ai réussi à transformer une partie de la Pente de l'Est en rizière. Il y a des moments durs, mais il y en a beaucoup d'heureux. J'ai une maison assez grande, une douzaine de carrés de légumes, plus de cent mûriers. Je travaillerai les champs jusqu'à ce que ma femme élève des vers à soie, et nous passerons dans le bonheur le reste de nos jours. »* Su avoue pourtant qu'il a des courbatures à force de bêcher, sarcler et labourer.

Même en Chine, où la campagne est toujours près de la cité, le « sentiment de la nature » n'implique pas toujours la main à la pâte et les pieds dans la terre. Si le grand Tao Yuanming, un des maîtres de Su, a renoncé à la vie de haut fonctionnaire pour revenir à la ferme jusqu'à sa mort, il y a aussi en Chine, comme chez nous, des amis de la Nature qui l'aiment d'un peu loin, des amateurs de fermes qui préfèrent le Petit Trianon à l'odeur d'étable. La courageuse versatilité de Su Dongpo lui a permis d'être à la fois grand poète, bon administrateur, hydraulicien compétent, excellent peintre, grand calligraphe et fermier modèle. *« J'ai tout ce qu'il faut pour être en paix »*, dit-il. Sa femme a acheté quelque temps après leur arrivée à Hangchou une jeune servante de douze ans, Chaoyun. Elle en fera plus tard la concubine de son mari. Celui-ci a appris à lire à Chaoyun. Elle s'est initiée aux écritures bouddhiques. Intelligente, fine, elle est pour Su la fraîcheur des années d'exil. Que demander de plus ? En 1083, Chaoyun donne un fils à Su. À l'occasion du Bain-du-Troisième-Jour du bébé, Su écrit un petit quatrain ironique :

Les parents veulent tous des enfants brillants
Brillant je l'ai été bien trop toute ma vie
Je te souhaite,   mon fils, d'être bête et stupide
d'éviter les calamités et de finir premier ministre

L'enfant, hélas, mourra en bas âge.

Entre les travaux des champs, les poèmes, les petites fêtes des « peintres-lettrés » et les parties de clair de lune, de vin et de rêverie, Su trouve le temps à Huangchou, où la disgrâce l'a assigné en 1080, de lutter contre un fléau qui n'a pas encore tout à fait disparu des campagnes chinoises. Pour une famille de paysans pauvres, trop d'enfants est une punition et trop de filles une malédiction. Une bassine d'eau froide dans la chambre de l'accouchée peut servir de régulateur démographique. L'usage constant de l'infanticide des nouveau-nés inspire à Su une lettre adressée au magistrat du chef-lieu, à Wuchang. *« Au moment de la noyade, les parents ferment les yeux, détournent la tête et attendent que l'enfant devienne silencieux. Un de nos voisins a tué ainsi deux jumeaux. L'été dernier sa femme a accouché de quadruplés. La mère et les petits sont morts. Il ne suffit pas de rappeler aux gens que la loi punit des travaux forcés le meurtre des enfants, ni de frapper les coupables connus. Il faut obtenir des familles riches qu'elles aident les pauvres, collecter de l'argent et des dons, organiser l'action, récompenser et subventionner les familles qui adoptent des enfants que les parents n'ont pas la possibilité d'élever.* » Jusqu'à la fin de sa vie, Su Dongpo reste un « militant » fidèle de l'association qu'il avait fondée à Huangchou, *Sauvons les nouveau-nés* !

C'est pendant la troisième année de son exil champêtre que Su écrit, pour se consoler de la fatigue du travail de la terre, un long poème sur sa vie de fermier, une bucolique devenue un classique célèbre.

Une terre abandonnée qui n'intéresse personne
des murs écroulés parmi les broussailles
qui voudrait gaspiller là ses forces
pendant un an sans rien récolter ?
Que fait ici cet étranger tout seul ?
Le Ciel est contre lui   Nulle part où aller
Se courber   Ramasser des débris
Sécheresse   Sécheresse   La terre est sèche
Essayer de mettre au jour un peu de terre meuble
Soupirer   Soupirer   Laisser là la charrue
La grange   quand la verra-t-on pleine ?

Même dans la friche et les broussailles
le haut et le bas peuvent toujours servir
Là où la terre est humide   planter du riz
Au levant jujubiers et châtaigniers
Un ami du pays de Shu

m'a promis des grains de mûrier
Les bons bambous poussent facilement
Si on empêche les pousses d'aller partout
Il n'y a plus qu'à choisir l'endroit
où installer notre maison
Le garçon qui fait brûler des herbes
dit qu'il a trouvé un bon puits
Il faudra attendre pour manger son saoul
mais je sais maintenant où remplir ma gourde
Si je plante à temps des jujubiers
et plante des pins   un jour je pourrai les couper
Il suffit d'attendre dix ans ou un peu plus
mais j'ai bien fait de prévoir de loin
Qu'est-ce que c'est   dix petites années
quand mille ans passent comme grêle ?
Li Heng disait   Planter des orangers
c'est mettre à son service des esclaves fidèles
Je vais l'imiter en cela
Un vieil ami en poste dans le Sud
m'a offert de grosses oranges douces
Leur feu illumine la chambre
S'il peut me procurer des grains
je les plante à la fonte du printemps
et au milieu de la haie de bambou
je vois déjà briller leur or et vert

15

L'INFINIMENT PETIT, L'INFINIMENT GRAND

Grand lettré, certes, Su Dongpo n'est pas de ces *littéraires* qui perdent pied et perdent la tête sortis des classiques et de la pure littérature. Dans la trentaine de charges qui lui furent confiées et dans les dix-sept exils ou disgrâces dont il fut frappé, il a fait la preuve de son esprit pratique, de son sens des techniques (depuis l'architecture jusqu'à la taille des arbres), et de ses dons d'économiste (dans la prévision et la prévention des famines, par exemple). Il a beau se moquer de ce qu'il présente comme sa maladresse, et qui n'est que du courage civique, il a beau dire que dès qu'il ouvre la bouche il attire sur lui les châtiments des pouvoirs, Su est une bonne tête politique, même s'il n'a rien du *politicien*. Dans son œuvre de poète, qu'on ne peut pas séparer de l'ensemble de son activité, qui en est simplement l'expression privilégiée, la forme la plus serrée, Su manifeste la même ouverture d'esprit. Rien de ce qui est vivant ne lui est étranger, et rien qui ne puisse être poésie. L'œil du poète capte tout, les grands mouvements et les petits détails, le ciel étoilé et les jeux d'enfants, l'inquiétude philosophique et les travaux des champs, les passions de l'amour et les fièvres de l'ambition, les fêtes populaires et les cérémonies de cour. Le poète Su Dongpo n'accepte pas que quelque chose lui soit interdit en poésie : il passe avec aisance de la narration à l'élégie, de la satire au lyrisme, du sentiment cosmique à la scène de genre, de la philosophie à l'humour. Il n'y a pas pour lui de « défense de » en poésie.

Su est capable de donner la plus fine attention aux plus fragiles réalités, aux plus petites choses. La chute des chatons de saule emportés par le vent lui fait exprimer avec une extrême délicatesse de touche l'impermanence des choses, le mouvement d'effacement et de destruction de tout. Il peut, sans tomber dans le ridicule, déplorer qu'on ne ressente pas de la pitié devant la fin des chatons éparpillés par les bourrasques. Peut-être ont-ils des sentiments ? Des pensées ? Un cœur qui bat, qui sent ? Les plus humbles créatures ont droit à l'attention amicale de Su. Il parle du crapaud avec la gentillesse qu'aura, mille ans plus tard, Max Jacob (qui ne « se penche » pas sur le crapaud, mais s'identifie à lui). Su regarde l'escargot avec douceur et précision. Il a observé les audaces étourdies de l'escargot, qui peut grimper le long d'un mur jusqu'au plafond, semble ne pas savoir comment rebrousser chemin et reste collé au mur, recroquevillé d'incertitude et de peur. (Dix siècles après les Song, j'ai découvert dans le Hopei que les enfants chinois organisent des jeux que mon enfance a connus, les courses d'escargots, où la difficulté est d'empêcher l'escargot découragé de *déclarer forfait*.)

Et c'est le même Su Dongpo qui peut parler du ciel étoilé en passant avec naturel du ton de Lucrèce ou de Blake au ton familier de l'*Art d'être grand-père* :

Avant que la lune soit haute les montagnes étaient plus élevées
Une nappe de lumière inonde le ciel de blancheur
Avant que j'aie vidé ma coupe la porte d'argent s'est ouverte
Les amas de nuages battent en retraite
comme reculent les vagues
Qui pourra laver les yeux étincelants du ciel
sinon le flot lustral de la Voie lactée ?
La lune contemple la terre avec sérénité
Elle me trouve apaisé   résigné   calme puits
Au sud-ouest du ciel des météores jaillissent par salves
D'habitude   l'étoile blanche brille très fort à l'est
mais en scrutant le ciel cette nuit je ne la vois pas

Des particules de feu rougeoient dans l'espace
Quelle est cette flottille de clarté qui sillonne l'océan-nuit ?
Des milliers de lanternes font peur aux dragons cachés
Les barques de lumières tissent les rides des eaux noires
et se balancent sur la nuit au rythme des chants
Les lucioles glissent et flottent jusqu'à l'horizon
et le vent d'automne éclabousse d'étincelles le courant
La lune décline lentement et les promeneurs se dispersent
De retour à la maison je demande qu'on m'apporte du vin
pour encore un moment contempler le ciel
Dans la cour le clair de lune est de plus en plus calme
Dans l'herbe les grillons jouent de leur petit violon
Je soulève le rideau de perles et j'écoute le silence
Mon petit-fils couine   réveillé par la lumière
Loin de la capitale nous sommes des gens pauvres
mais combien de gens peuvent chanter par cette nuit d'automne ?
Demain matin il faudra reprendre la roue des travaux
et cette nuit apparaîtra comme un rêve de la lune

16

L'EAU ET LE TEMPS COULENT LENTEMENT

L'hôte de la Pente de l'Est est heureux d'oublier qu'il exerça des pouvoirs, donna des ordres, mena des batailles politiques. Il prend sa canne et muse, musarde, serpente, traînasse, rêvasse, ajuste dans sa tête des rimes et des chansons. Il est content qu'on ne le distingue pas des gens du marché, d'avoir dénoué ses cheveux, d'avoir abandonné ses robes somptueuses pour des vêtements de gros coton, et ses belles chaussures de cuir pour des sandales de paille. Il dit que les bûcherons, les journaliers, les oiseaux, les poissons ne prennent plus garde à lui. S'il a bu deux coupes de vin de riz, il se couche sur le talus au clair amical de la lune, et un vieux paysan le réveillera à l'aube, afin que les buffles et les moutons ne marchent pas sur lui. Est-ce qu'il y eut vraiment une époque où ce vagabond des étoiles fut un grand magistrat, rendit des jugements, punit les criminels et pardonna aux innocents ? Mais déjà en ce temps-là, Su Dongpo n'était pas à l'aise dans la peau du juge :

C'est la veille du Nouvel An
Je devrais rentrer tôt à la maison
Mais je garde en main mon pinceau
J'ai devant moi de pauvres bougres
chaînes aux mains   chaînes aux pieds
Petites gens qui avaient faim
tombés dans le piège des lois
sans comprendre ce qui leur arrive
Et moi ? J'ai besoin de mon traitement
et je garde mon poste au lieu de vivre libre
Est-ce bêtise ? Est-ce sagesse ?
Chacun se débrouille pour manger
le juge comme les prisonniers
Dans l'ancien temps on les aurait
libérés pour le Nouvel An
Est-ce que moi j'oserais le faire ?
Je garde le silence   et j'ai honte

Maintenant, il peut parler, n'avoir plus honte. La disgrâce lui semble une grâce. Il cultive sa terre, peint, écrit des poèmes, relit les poètes et étudie les écritures du Tao et du bouddhisme. Il a de bons amis et d'heureux compagnons. Les nuits de pleine lune, il vont en barque du côté de la Falaise rouge, sans oublier la jarre de vin de riz printanier ni la flûte dont joue si bien son ami Wang Tien. Au moment où la lune apparaît au-dessus des collines de l'Est, entre la Grande Ourse et le Capricorne, Wang joue l'air de la *Chanson du Bienveillant Dragon des Eaux,* et Su et ses amis chantent les paroles qu'ils ont composées sur cette mélodie. On vide quelques coupes. Su dit qu'il lui suffit de deux coupes pour flotter délicieusement. La barque descend vers les rapides, dans la lumière de perle pâle. Les amis ne savent plus s'ils glissent sur l'eau ou volent dans l'air. Su rythme de la main sur le flanc de l'embarcation la *Chanson des rimes rieuses.* Il dit : *« Nous fraternisons avec les langoustes, nous sommes les amis des daims, nous levons nos coupes en l'honneur de la Grande Rivière reflétant la Grande Lune. Je prends celle-ci dans mes bras et je la berce au son de la flûte. L'eau coule, mais ne disparaît jamais. La lune ne décroît que pour croître à nouveau. Le temps n'est rien, qu'un instant de l'éternité qui nous emporte avec l'eau, avec les étoiles et la lune, avec le vent, avec le vol des grues qui naviguent vers l'Ouest. Elles font route vers la Contrée de Nulle Part, où il n'y a ni Nord, ni Sud, ni Est, ni Ouest, ni ciel, ni terre, ni soleil, ni lune, mais simplement la joie de vagabonder au gré de l'imagination. Les notes de la flûte de Wang glissent comme un fil de soie, elles charment les perches et les crevettes, les papillons et les phalènes, les élans et les cerfs. Nous nous couchons sur le fond de la barque, Wang guide les rames de magnolia et la perche de cannelier pour maintenir la barque au fil du courant, et nous rêvons du rêve de Maître Tchouang-tseu, qui ne savait plus s'il était Tchouang-tseu qui rêvait d'être un papillon ou un papillon qui rêvait d'être Tchouang-tseu. »*

À son retour à la maison, Su écrit un poème avant d'aller dormir :

Est-il ivre   Dongpo ?   Est-il dégrisé ?
Il fait déjà jour et soleil
Le petit serviteur ronfle comme une toupie
et n'entend pas que je frappe à la porte
Appuyé sur ma canne j'écoute la rivière
Il est tôt   Tout est calme
L'eau n'est qu'un reflet lisse
Je voudrais remonter en bateau
et passer au-delà des mers
le reste de mes jours

17

GRACIEUSES IVRESSES

L'ivresse que Su Dongpo célèbre, cette louange du vin de riz qui n'a d'égale que la célébration que les poètes persans ne cessent de dédier au vin de la vigne, est une ivresse légère. Su répète souvent qu'il n'est pas un grand buveur : deux coupes lui suffisent pour « décoller ». Il a de l'indulgence mais pas de sympathie pour les vrais alcooliques. L'ivrognerie ne lui plaît pas. Ce qu'il cherche dans le vin de riz, ou dans ces « vins » dont il met au point les recettes – vin d'orange, vin de cannelle, vin de litchi –, c'est une griserie fluide, un allègement souriant, un état de grâce entre rêve et dérive, cette façon de laisser l'esprit flotter au gré du vent que suggère un de ses poèmes :

Le vent clair qu'est-ce donc ?
Quelque chose à aimer sans lui donner de nom
qui bouge comme un prince partout où il va
L'herbe et les arbres chuchotent sa louange

Il se promène sans aller nulle part
Il laisse la barque glisser comme elle veut
libre   légère et vive
la confiant au courant
Bienvenue au vent qui va de l'avant
Je lève ma coupe de vin à sa caresse
Je bois à la santé du vent qui va
sans se soucier de nous   beau vent qui vole
de la vallée aux nuages
Le long de l'eau qui brille dans la nuit

(Il m'est arrivé en Chine de chercher à retrouver dans le vin de riz de l'année, qui n'a pas dû changer beaucoup de saveur et de degré depuis les Song, ce presque bonheur insouciant et cette souplesse d'humeur que décrit très bien Su. Mais ce qu'il m'arrive d'obtenir aisément avec quelques coupes de champagne ou – avec les différences de « couleur » mentales – grâce à un peu d'*herbe,* le vin de riz chinois ne m'en fait pas don. Ce qu'il m'accorde, c'est la petite chaleur cordiale de certaines eaux-de-vie, cette cerise de feu doux que la jeune prune ou un très vieux cognac dispensent sans effort.)

Dans son *Éloge du vin,* Lie Ouling décrit une griserie-ivresse, un peu plus intense que ce que cherche Su Dongpo, mais de même tonalité : *« Indifférent à tout ce qui l'entoure, le buveur n'a ni pensée ni souci, sa joie est immense ; l'univers n'est pour lui qu'une journée, les millénaires qu'un instant ; le ciel est sa tente et la terre sa natte, il vit selon ses désirs : il n'entendrait pas le tonnerre, il ne verrait pas le mont T'ai. Il voit les êtres fourmiller à ses pieds comme les lentilles d'eau flottant sur le lac.* »

Les « présentations » en prose des poèmes de Su relatent souvent une petite fête de vin, au hasard d'une rencontre amicale, d'un caprice en passant, ou de l'envie de faire un peu baisser le baromètre de l'humeur noire : « *Une nuit de printemps, à Huangchou, j'ai marché dans l'eau de la rivière. Passant devant une taverne, je bois du vin jusqu'à l'ivresse. Arrivé près d'un pont, sous la lune, je désangle la selle de mon cheval, je m'étends et je m'endors. L'aube m'éveille. Les montagnes confondent leurs cimes, l'eau chante claire en s'écoulant. Je me sens échappé du monde de poussière et j'écris ce poème sur le pilier du pont :*

Lune claire sur la campagne   Petites vagues qui vont et viennent
Nuages de couleurs qui se confondent dans le ciel
Mon beau cheval de jade vert se repose
Je pose la selle sur la rive   je m'adosse à un saule
et moi   un peu ivre   je m'endors dans l'herbe
Le ruisseau sous la lune chantonne son chemin d'eau

Le coucou chante   le ciel pâlit   Voici l'aurore »

« Le génie, c'est l'enfance retrouvée à volonté. » Le vin, pour Su, est aussi un tapis volant à bord duquel on peut retourner au pays d'enfance, en compagnie du frère bien-aimé. Un des plus charmants « poèmes du vin » de Su le montre revenu à dix ou douze ans :

J'ai rêvé que j'étais à l'école primaire
mes cheveux en deux petits chignons comme les gosses
(J'oubliais qu'aujourd'hui ce sont des cheveux gris)
*Je récitai au maître ma leçon d'*Analectes
Qu'est-ce que le monde ? Un jeu d'enfant
comme dans mon rêve   sens dessus dessous
Il n'y a que dans le vin qu'on n'est soi-même
et que l'esprit est libre d'angoisses et de doutes
L'homme ivre tombe de cheval sans se faire de mal
Tchouang-tseu le sait   Tchouang-tseu le dit
J'appelle mon fils   Apporte-moi pinceaux encre   papier
et avec les pensées du vin capturons un poème

À la fin de la journée, Su fait le compte. C'est un compte où il est toujours gagnant. Son inspiration l'incline à l'ivresse. L'ivresse lui donne l'inspiration :

Combien de coupes de vin ai-je bues aujourd'hui ?
Assez pour dénouer les chaînes de la mort
Je jette au vent ma canne et je marche
J'oublie les soucis   les tourments   les angoisses
Je bondis avec les daims vers les sommets
Je rejoins les singes qui sautent sur les falaises
Je plonge dans l'écume de l'océan des nuages
Je flotte dans le tumulte silencieux du ciel

18

LE MOYEN DE NE PAS PARVENIR

Peu de hauts fonctionnaires auront écrit autant de lettres que Su Dongpo pour supplier qu'on le rétrograde, qu'on lui assigne un poste obscur et lointain, qu'on lui épargne le fardeau du pouvoir. D'autres intriguent pour obtenir de l'avancement. Lui se démène pour l'éviter. Il est vrai que bien souvent dans sa carrière la faveur de l'Empereur s'avère un désastre et la réussite un échec. Su forme constamment le rêve de mener la vie paisible d'un fermier tranquille. Mais (par exemple) à peine, au bout de trois ans, va-t-il récolter les fruits de son travail sur cette terre qui lui donnera son nom de plume, *Dongpo,* la Pente de l'Est, le voilà en 1084 de retour en grâce, nommé dans une ville plus proche de la capitale – et contraint d'abandonner son entreprise agricole. Il demande à l'Empereur la faveur d'être autorisé à s'établir au bord du lac Taihu. Certes, il n'est plus exilé, mais il n'a d'autre ressource qu'une petite ferme dans cette région.

« Mon traitement a été supprimé, écrit-il au souverain. *J'ai du mal à joindre les deux bouts. Mes ressources s'épuisent. Ma famille est malade. J'ai perdu un fils. La faim est à notre porte. Que Votre Majesté m'autorise à m'établir dans cette petite ferme, qui pourra nous donner au moins une bonne soupe de riz. »* Il n'obtient pas cette permission, attend en vain qu'on lui assigne une charge. L'hiver est rude. Les perspectives peu encourageantes. Un ami attentif envoie au poète de la crème et du vin :

La neige au crépuscule fait tournoyer ses grains de riz
Le torrent chuchote sur son lit de sable jaune
Plus de visiteurs ce soir   Rêvons nos rêves
Un exilé est comme un moine   Où réside-t-il ?
Au fur et à mesure que j'écris la pierre d'encre gèle
Une fleur de givre   Cela porte bonheur
Au milieu de la nuit votre serviteur arrive
nous apportant de la crème et du vin
Je saute de surprise   Ma femme et les enfants
rient   crient   battent des mains

En 1085 Su est cependant nommé dans la capitale et en 1089 l'Impératrice douairière, qui tient Su en grande estime, le nomme gouverneur de la province du Szekiang, en poste à Hangchou. Avant un nouvel exil qui le frappera en 1094, il accomplit en quelques années un travail gigantesque.

Hangchou est une des rares villes du monde où deux emplacements portent les noms de deux grands poètes, non pas en hommage à leur génie littéraire, mais en reconnaissance des travaux d'ingénieurs et de bâtisseurs dont ils ont enrichi la cité. Le quai Po Kiuyi et le quai Su Dongpo sont le fruit de l'intelligence pratique, du sens de l'urbanisme et de l'heureux aménagement des eaux dont firent preuve deux grands écrivains doublés de deux hommes d'action.

Dans tous les postes où il occupa des fonctions de responsabilité, Su prit un soin constant des problèmes d'eau : eau potable, communications fluviales, communications par canaux ou par mer. Les années de répit que les luttes intestines de l'empire lui accordent à Hangchou lui permettent de reprendre les projets et l'amorce de travaux des années 1070-1073, quand il fut nommé là pour la première fois. Près de vingt ans plus tard, il retrouve avec la même joie le lac de l'Ouest, les collines alentour et la ville. Il a toujours à Hangchou la sensation d'y avoir *déjà* vécu, dans une de ses vies antérieures. La légende assure qu'un jour, au temple de Shoushing, Su a la certitude de se retrouver dans un décor familier. Il dit aux amis qui l'accompagnent : *« Je sais qu'entre les autels du temple et la salle de Pénitence, il y a un escalier de quatre-vingt-douze marches. »* Un de ses compagnons va les compter et trouve, en effet, quatre-vingt-douze marches. Quelques minutes plus tard, Su découvre dans la bibliothèque du temple un manuscrit ancien, inachevé. L'écriture, c'est celle de Su autrefois, dans sa jeunesse, dans une autre vie. (Quand Su est face au merveilleux, c'est celui des vies antérieures ou des méchants Génies de la Pluie, que ses prières de gouverneur doivent amadouer. J'ai toujours l'impression qu'il acquiesce au fantastique par respect des convenances, par politesse pour ne blesser ni la fierté des Grands Transparents ni la foi ou les crédulités du peuple – qu'il n'en pense pas moins et n'en dit pas plus. Cette hypothèse est peut-être tout à fait fausse : elle consiste à prêter à Su en 1070-1080 les sentiments – d'ailleurs incertains – de Claude Roy en 1993, un Claude Roy qui a parfois la sensation, lui aussi, d'avoir *déjà* vécu ce qui est en train de lui arriver. Il nomme cela, scien-ti-fi-que-ment, *« le sentiment de fausse reconnaissance »*. Ce qui consiste à décréter qu'une illusion n'est qu'une illusion et que ce qu'on est tenté de croire vrai n'est pas vrai. Qu'en sais-je ? Qu'en savait Su ? Et si, à cette minute, je sens mon ami chinois poser très doucement sa main sur mon épaule et chuchoter à mon oreille le vieux conseil d'Épicure et de Montaigne : *« Laisse cela en suspens »*, la sagesse c'est tout de même de l'écouter, de lui obéir. Ce que je fais.) De Venise à Hangchou, les villes sur l'eau d'Asie, d'Europe (ou du Mexique) posent des questions analogues aux « assesseurs des eaux ». Su se trouve aux prises avec l'envasement des canaux, la pollution toujours menaçante des eaux potables, le mouvement des marées, l'interaction complète et souvent dangereuse des eaux de mer avec les eaux douces. Pendant la première année de son second terme à Hangchou, Su va mener à bien le curetage du réseau des canaux. Il va ensuite poser et résoudre en théorie et en pratique les problèmes de l'eau salée, de la vase, du trafic et des communications entre le lac, les canaux, le fleuve et la mer, celui des réservoirs d'eau potable, celui des algues et des plantes aquatiques qui risquent toujours de ralentir le flux et de troubler les eaux, et, *last but not least,* les nécessités de l'irrigation des terres. Avec la clarté d'analyse d'un professionnel de l'hydraulique et la décision d'un chef de guerre, Su obtient de l'armée le concours de 200 000 journées de travail. Il persuade l'Impératrice douairière de financer l'essentiel des travaux et résout avec une ingéniosité que le visiteur d'aujourd'hui admire encore le problème des montagnes d'herbes aquatiques, de boue, de vase et de terre provenant du nettoyage des canaux. Su décide qu'on en fera une levée de terre, une longue digue, qui sera coupée par six ponts en arches et neuf pavillons, étendant ainsi une aire de promenade sur la surface du lac. Quand en 1092 il est de nouveau déplacé, envoyé dans une petite ville du Yangtze, il peut en s'éloignant regarder le lac de l'Ouest avec fierté. Il laisse la ville qu'il aime plus belle qu'avant lui. Elle l'est toujours. Mais sur le bateau qui l'emmène il écrit un poème mélancolique

La lune pâle plonge dans les nuages   La corne de l'aube gémit
Un faible vent fait frissonner les écailles sur l'eau
Vais-je passer toute ma vie sur les fleuves et les lacs ?
Je compte sur mes doigts   J'ai fait dix fois l'aller-retour sur le fleuve Huai...

19

LES PAS DU TEMPS

Avant de retomber en disgrâce et d'être à nouveau exilé, Su emploie les deux dernières années tranquilles de sa vie, outre les grands travaux du lac et des canaux, à gagner deux batailles qui lui tiennent à cœur. Il s'acharne à persuader l'Impératrice douairière d'accorder un moratoire aux paysans endettés par le système des avances (obligatoires) sur les « jeunes pousses ». Il aura finalement la joie d'obtenir gain de cause : les dettes qui accablent les paysans sont effacées. Su s'indigne des absurdités du gouvernement, qui évalue les impôts à payer d'après le prix du riz, mais refuse d'être payé en nature si le prix du riz baisse, obligeant ainsi les paysans à vendre à perte pour s'acquitter de leurs taxes. Su s'emploie aussi non pas simplement à aider les malheureux quand une famine survient, mais à la prévoir, à l'éviter, à la prévenir.

La correspondance du poète sur le problème de l'endettement, la prévention des famines, les pénuries en sel, en vin et en céréales créées par les monopoles du capitalisme d'État, le montre minutieux dans ses enquêtes, clairvoyant dans ses analyses, courageux dans ses critiques, acharné dans ses démarches pour soulager les pauvres gens. Il cite souvent un aphorisme de Confucius dans ses lettres à la famille impériale : *« Un gouvernement despotique est plus redoutable que les tigres. »*

Mais l'heure des « bons combats » va bientôt passer. À la Cour le vent tourne. Les successeurs de Wang Anshi, beaucoup plus médiocres et vindicatifs que l'homme d'État disparu, reviennent au pouvoir, à la faveur de la disparition de l'Impératrice douairière en 1093. Le sort frappe trois fois Su : sa protectrice meurt, sa seconde femme meurt à son tour et, en 1094, arrive de la capitale l'ordre de bannissement à Huichou, dans le fond de la Chine, près de Canton. Comme presque à chaque nouvel exil, Su Dongpo essaie en arrivant dans le Sud de trouver le repos et décide de se construire une maison. Les demeures qu'on lui a assignées sont misérables. Le climat tropical ronge les matériaux. Su a planté des orangers, des framboisiers, des litchis, préservé de beaux cyprès et des massifs de gardénias. Mais l'humidité le fatigue et sa santé en pâtit. Ses fils Kuo et Mai l'ont accompagné, et cette petite servante que sa femme a achetée très jeune encore. Chaoyun a trente et un ans, Su en a cinquante-sept. Sa femme et lui ont veillé à l'éducation de la jeune fille. Elle est devenue une bouddhiste qui a lu les Soutras, étudié les classiques. Su lui porte une tendresse qui n'entrave pas sa volonté de mériter par la chasteté, sinon l'immortalité, du moins une longue vie. Chaoyun, pour le poète vieillissant et poussé par les vents mauvais, c'est l'image de la petite déesse Vinalakirti, qui apparaît au Bouddha couverte de pétales de fleurs. Il dédie à sa jeune concubine des poèmes où s'allient la mélancolie d'un amour de fin du jour et la sérénité bouddhique :

Quand la marche du temps blanchit nos cheveux
et que même Vinalakirti en subit la loi
ne redoute pas d'être blessée par les pétales de fleurs
que les vierges célestes éparpillent sur toi
Les fleurs ne blessent pas une fleur
Elles caressent tes lèvres   Elles effleurent tes cheveux
Ainsi va le cycle éternel de la vie
des battements du cœur aux mouvements des astres
Je te vois   tu brosses tes cheveux   tu les dénoues
Je vois flotter sur tes lèvres un sourire pensif
Demain c'est jour de fête   Reçois cette orchidée
et tu découvriras sur la soie de ta robe
le poème pour toi que j'inscris dans ses plis

Su commence à s'acclimater un peu quand le dernier coup du destin le frappe : Chaoyun meurt en juillet 1095, probablement de malaria. Elle est allée rejoindre l'enfant de Su qu'elle perdit autrefois. Le poète la fait enterrer près d'un temple, dans une forêt de pins, et consacre à sa mémoire des poèmes-prières :

Os de jade chair de neige
que ton esprit n'ait pas peur
À travers la brume noire
et dans le vent qui vient des marais
que les esprits de la mer t'accompagnent
que les perroquets et les aras soient tes amis
que ton visage clair n'ait pas besoin de poudre
que les fruits rouges imitent tes lèvres
Chair de neige os de jade
rêve ton rêve perle des perles
née pour un monde encore plus beau

Chaoyun dans son tombeau, la maisonnette achevée, la haine du clan au pouvoir va rejoindre Su. Il est condamné à s'exiler encore. Une fois de plus, vagabond du destin politique, il reprend la route de plus en plus amère de l'exil :

Chaque année je suis triste que le printemps s'en aille

mais ça n'empêche rien   personne n'en tient compte
Pour tout arranger la pluie n'arrête pas
Il y a deux mois déjà qu'on se croirait en automne
Étendu   j'écoute les fleurs de cerisier
laisser tomber leurs pétales roses dans la boue
Les forces mauvaises viennent au noir de la nuit
et nous volent les choses auxquelles nous tenions
comme celui qui se couchant un soir encore jeune
s'éveille le lendemain avec les cheveux gris

20

LA FIN DU JOUR

Su n'était pas un banni rassurant pour les bannisseurs. Le poète était célèbre, et il trouvait partout des admirateurs. Les gouverneurs et les magistrats chargés de le surveiller (et de le persécuter un peu) se laissaient trop souvent aller à lui demander des autographes, à écrire des poèmes « en écho » avec lui, à jouer aux échecs en sa compagnie, à lui offrir du vin et à s'enivrer un peu avec lui. Il avait des fidèles, comme le vieux taoïste Wu Fuku, toujours prêt à voyager sur des milliers de *li* pour rejoindre son ami. Wu courait d'un bout de la Chine à l'autre pour annoncer une bonne (ou une mauvaise) nouvelle à Su Dongpo. À la fin il fit même à Su l'amitié d'aller mourir près de lui, le plus discrètement possible, quelques mois avant que Su le rejoigne dans la tombe.

La sympathie et le respect que les officiels manifestent à Su contraignent parfois le parti au pouvoir à les châtier de leur indulgence. Plusieurs hauts fonctionnaires des lieux d'exil assignés à Su paient de leur avancement ou de leur carrière les bienfaits qu'ils ne purent s'empêcher de « commettre » à son égard. Mais ce diable d'homme n'attire pas seulement la sympathie des lettrés, des fonctionnaires et des moines. Partout il se fait des amis en quelques jours parmi les gens des « basses classes ». Il échange des conseils d'agronomie avec les paysans ses voisins, donne aux artisans du coin des recettes de plantes médicinales, creuse un puits et échange son eau vive contre quelques flacons de la récolte d'une marchande de vin d'à côté de chez lui. Écoutant Su évoquer des souvenirs de sa vie mouvementée et de ses heures de grandeur, une vieille paysanne lui dit : « Est-ce que tout ça ne vous semble pas un rêve de printemps ?... » Su surnomme la brave femme « Madame Rêve de Printemps ».

Les rapports des agents du pouvoir décrivent un Su Dongpo en apparence heureux et gai, construisant une fois de plus une maison pour s'établir en paix dans son lieu d'exil. Les dirigeants jugent urgent d'ajouter l'exil à l'exil et de bousculer les plans du poète. Su reçoit notification de son nouveau « poste » : à l'extrême Sud, dans la mer de Chine, sur l'île de Hainan. Ce n'est plus l'exil, c'est une sorte de déportation. Les Li, aborigènes de l'île, entretiennent avec les Han des rapports de force et une tension permanente. Débonnaires au fond, farouches par force, misérables et méfiants, ils ne connaissent de remède aux maladies, aux fièvres tropicales qui les minent et aux coups du sort, que le sacrifice d'une vache. Le bouddhiste Su trouve dégoûtants les ruisseaux de sang coulant des vaches égorgées. Le rationaliste Su trouve absurde que ces pauvres gens se ruinent en bétail, dont les cargaisons mugissantes ne cessent d'aborder au port.

Le 11 juin 1097, sur la route de la « déportation », Su fait ses adieux à ce frère très aimé, qu'il ne devait jamais revoir. Son fils aîné, Kuo, l'accompagne à Hainan. Tchang Tchong, un officiel bienveillant, grand amateur de poésie et de calligraphie, met une maison modeste mais à peu près vivable à la disposition de Su (Tchang sera révoqué pour ce crime). Su souffre de fièvres et d'hémorroïdes. Le climat moite et chaud de Hainan l'oppresse. L'humidité monte du sol. Entre la fin de l'été et le début de l'automne tout pourrit. Su constate pourtant que beaucoup d'habitants de l'île vivent au-delà de quatre-vingt-dix ans, que la sagesse et la force c'est de savoir s'adapter aux circonstances comme la salamandre au feu et les œufs de vers à soie au gel. N'est-ce pas Tchouang-tseu qui a dit : *« Les jours et les nuits causent sans cesse notre destruction en dépensant notre énergie vitale. »* Le secret de la longévité, enseignent les taoïstes, c'est de savoir ne pas gaspiller ses forces. Su essaie.

Il observe avec une attention d'ethnologue avant la lettre les mœurs des aborigènes, trop souvent grugés et exploités par les marchands chinois. Leurs *chamans* tiennent pour sacrilège tout autre médicament que le sacrifice d'une vache ici et là. Si un des leurs a la faiblesse de recourir à la pharmacopée chinoise, on le laisse méthodiquement mourir pour démontrer que la désobéissance aux lois tribales est toujours punie.

À Hainan, Su se sent assiégé par l'eau : *« Eau sans borne, ciel sans limite,* écrit-il dans son journal. *Découragé, j'ai soupiré : " Quand pourrai-je fuir cette île ? " Mais je me suis dit aussitôt que tout est île. La terre est une île encerclée par l'océan du cosmos. Qui, parmi les vivants, n'habite pas une île ? Les Neuf Continents sont entourés par le Grand Océan. Si on renverse une bassine par terre, sur un brin d'herbe sauvage auquel s'accroche une fourmi, elle se demande comment elle va se tirer de cette situation. Mais l'eau sèche. La fourmi aussi. Elle reprend la route. Elle retrouve sa fourmilière et dit : " J'ai bien failli ne jamais vous revoir. " Comment aurait-elle pu deviner qu'en un instant elle serait sauvée, libre d'aller dans les huit directions ? »*

La surveillance à distance ne cesse pas. On assigne à Su une nouvelle masure. Les nuits, pendant la saison des pluies, il est obligé de déplacer constamment son lit parce que les gouttières le trempent.

Mais les lettrés de l'île viennent visiter Su où qu'il soit. Il se construit une sorte de « case » en palmes et bambou. Les chasseurs lui font don de tranches de gigot de daim. Les lettrés lui prêtent des livres. Les voisins lui apportent des fruits, du riz, des cornichons. Il écrit dans son journal qu'il a observé que certains animaux et quelques humains privilégiés parviennent à se nourrir avec les rayons du soleil. Dans les moments de pénurie, il semble prêt à essayer cette méthode. Mais on sent qu'il reste sceptique, comme pour le projet taoïste de conquête de l'immortalité. L'argument qui lui semble décisif c'est qu'il n'a *jamais* rencontré d'immortel.

Une lettre à son ami Cheng décrit la triste réalité, où il n'est plus question de se nourrir des rayons du soleil ou de trouver le secret de l'Élixir d'immortalité :

« Ici on mange, mais sans viande, on est malade, mais sans médicament, on habite, mais sans maison, on se promène, mais sans ami, on passe l'hiver, mais sans charbon, on subit l'été, mais sans eau fraîche. Ai-je tout dit ? En un mot : il n'y a rien. Mais pas non plus de malaria, c'est l'unique bonne chose. Avec mon fils Kuo, j'ai construit une maisonnette de plusieurs pièces pour y vivre. Elle nous protège du vent et de la pluie. Nous avons taillé des bambous et installé du chaume pour nous abriter. Nous mangeons

des patates douces et des taros. Mais le travail, la dépense, c'est dur. »

Autant que de nourriture et de confort, Su manque de pinceaux, d'encre et de papier. Il se lance avec Kuo dans des exercices de fabrication d'encre qui ont failli mal tourner : il provoque un incendie qu'on aura du mal à maîtriser. Avec les débris du désastre et une petite pierre à encre survivant à l'incendie, Su peut néanmoins se remettre à écrire et à peindre.

Chanson triste du voyageur   Le vent pleure dans la campagne
Un feu lointain   Les étoiles déjà vont se coucher
Les yeux me brûlent   À quoi bon ne pas dormir ?
Personne de mon pays n'est ici   Que la maison est loin !

Mon corps habite ce monde   ou rêve qu'il y habite
Ma natte de jonc est rapiécée   usée   tournée retournée
Ma robe est pleine de trous   jamais raccommodés
Ma pensée remue les cendres du passé
Les yeux fermés   j'écoute la pluie qui tape sur le toit

Aux amis du voisinage, aux visites des lettrés, à l'arrivée venant de si loin du vieux compagnon taoïste, une autre présence s'est ajoutée à Hainan.

Museau Noir   chien de la mer du Sud
que j'ai de chance d'être ton maître !
Mangeant les restes   gros comme une citrouille
ne réclamant jamais des mets plus fins
gentil le jour   connaissant les amis
féroce la nuit   gardien de la maison
quand je t'ai annoncé ma grâce
et que nous retournions au Nord
tu as remué la queue et dansé de joie
et fait la ronde autour des enfants
Langue pendante   salive coulant
tu ne veux pas prendre le pont
Tu nages en raccourci à travers la baie
gigotant dans l'eau   plus agile qu'un tigre
et léger et rapide comme un oiseau de mer
Je sais   parfois tu voles un peu de viande
mais je ne te fouetterai pas
Tu dis merci du museau
puisque le Ciel te refuse la parole
J'ai envie de te confier une lettre à porter
comme fit le grand Lu Chi avec Chien Jaune
qui porta le courrier de son maître
de Loyang à Wu

21

ON SAIT TOUJOURS COMMENT ÇA FINIRA

Je suis content que Museau Noir soit entré ici dans la vie de Dongpo et dans le petit livre que j'écris sur mon ami. Un grand chien un peu remuant, toujours prêt à s'enthousiasmer, débordant de cette inépuisable bonne volonté des chiens, que les chats regardent avec dédain se donner, se vouer, se dévouer à corps perdu (les chats trouvent que les chiens manquent de dignité, et c'est vrai. À la différence des humains, qui ont des ressources naturelles de méchanceté, il faut se donner beaucoup de peine pour rendre un chien mauvais. Les maîtres-chiens travaillent longtemps pour éduquer une bête dans la férocité). Quand Museau Noir est arrivé, j'avoue que je traînais la patte. Depuis des années que je vis avec Dongpo, que je reviens le voir quand je ne vais pas comme il faudrait, je sais comment l'histoire finit. Quand je vois les *apparatchiki* de la cour impériale trouver une fois de plus un moyen bête d'embêter Su, de l'envoyer brusquement à des milliers de *li* dans un trou perdu, loin de son frère Tseyu, loin de ses amis, je me dis : « Ils ont encore réussi à raccourcir un peu plus sa vie. » Les bureaucrates de la capitale ont une sorte de génie de la malfaisance. Ils arrivent même à faire de la faveur impériale une catastrophe pour Su : c'est toujours quand il a fini par s'adapter à sa disgrâce, qu'il vient de se construire une nouvelle maison, de creuser un beau puits, ou de se faire un ami pour la vie, qu'il revient en grâce à l'improviste. Il faut reprendre la route, s'exténuer en palanquin, à pied, sur l'eau, sur les chemins, passer d'un climat continental à un climat tropical, et de la poussière de sable aux pluies interminables. Oui, je sais comment ça va finir, je ne le sais que trop. Même si je n'écris pas exactement une biographie de Su (Lin Yutang l'a fait très bien, dans *The Gay Genius,* New York, 1947, quoique sa haine de Wang Anshi me semble excessive), il y a toujours un moment, sauf avec les contemporains, où le fil casse et où la mort survient. Plus j'approche de la fin de cette bizarre entreprise, la célébration d'un poète dont je ne connais les œuvres que parce que mes amis chinois ou sinologues me font la courte échelle pour y pénétrer, un poète dont les habitudes, les jugements et les préjugés, les croyances ou les incroyances appartiennent à une culture d'il y a mille ans, plus le mot *fin,* dans tous les sens du mot, se profile au tournant de la page, plus je traîne les pieds. Je sais bien que Su est indiscutablement mort en 1101, qu'on ne peut pas revenir là-dessus, qu'il faut accepter son absence comme il me faudra admettre la mienne, me faire à me défaire comme il faut me faire à la défaite finale de mon ami chinois – je rechigne et renâcle. J'aimerais n'avoir rien à voir avec ce point final-là. Plutôt que d'observer le deuil rituel pour l'Hôte de la Pente de l'Est, j'aimerais mieux rester avec lui et avec Museau Noir, au bord du lac, lancer dans l'eau les bouts de bois que Museau Noir ira chercher à la nage et nous rapportera avec le sérieux d'un chargé de mission capitale (avec ce moment inévitable où le chien trempé décide qu'il est assez mouillé et se met à se secouer énergiquement, arrosant Su Dongpo et moi, qui sautons de côté pour ne pas nous faire saucer, et grondons Museau Noir, qui se demande ingénument pourquoi nous l'envoyons dans l'eau et pourquoi nous nous fâchons ensuite, s'il veut innocemment essorer un peu son pelage et nous faire partager gentiment la fraîcheur du lac).

Nous parlions un jour à Pékin avec la vieille et superbe Li Potsao, gréviste « rouge » à dix-huit ans, malgré ses parents de grande bourgeoisie, en prison ensuite sous Tchang Kaichek, puis la Longue Marche, la guerre civile, la « Libération » – nous parlions d'un vieil écrivain un peu caméléon, qui à force de souplesse et d'acrobaties s'était faufilé à travers les guerres, les purges, les renversements de ligne, les Grands Tournants. Je demandai à Li Potsao : « Comment s'en est-il toujours tiré ? » La vieille dame eut un sourire malicieux : « Il n'avait aucune sympathie pour la mort. »

C'est une antipathie qui n'est pas exceptionnelle. La réponse de Li Potsao m'avait fait penser à une autre réponse, du même aloi. J'avais demandé au vieil Ilya Ehrenbourg comment il avait fait pour survivre aux années Staline. « La mort ne m'était pas recommandée », répondit-il. À qui l'est-elle ? Si je pouvais finir mon petit livre-bouquet-de-poèmes sans faire allusion à la mort de Su Dongpo, j'aimerais bien. La bonne poésie et le vrai courage ont ceci de commun, que leur exercice fait oublier la mort. Les centaines de poèmes de Su Dongpo sont autant d'étincelles de vie qui échappent à la mort. Su est un grand sauveur d'instants. Ces instants qu'il vole à l'avalement vorace du temps, il y en a un qui depuis quelque temps m'intrigue.

22

LES MISÈRES DE L'EXIL

Tous ceux qu'on voit depuis des siècles se pencher sur les milliers de poèmes de Su retrouvent les problèmes de dates qu'ont toujours à résoudre les éditeurs savants du monde. J'ai vu Lo Dakang perplexe devant les chronologies parfois désaccordées de l'édition de 1699, de celle de Wang Wenkao en 1822, et des plus récentes. L'érudit japonais Ogawa Tamaki, grand spécialiste de Su Dongpo, ou son confrère l'Américain Burton Watson, qui a publié à Columbia University un très bon choix des poèmes de Su, n'arrivent pas toujours à dater les textes avec certitude. Il y a notamment un très beau poème « hivernal » qui semble avoir été composé à une époque où le poète vivait dans le Nord, et qu'on retrouve dans les manuscrits qu'il a emportés, malgré les difficultés de sa vie, dans l'exil de Hainan. Impossible de savoir s'il a retravaillé ce texte et ce que signifie – hasard ou réflexion ? – la présence de ce poème à Hainan. Les mois, les années dans l'île tropicale éprouvent durement la santé de Su Dongpo. Les chiens de garde ont dépêché dans l'île un de ses adversaires, Tong Pi, qui découvre avec indignation qu'on a logé Su dans une maison assez confortable, appartenant au gouvernement. Il l'en fait déguerpir. Su et son fils Kuo construisent une cahute de palmes et bambous. *« Nous restons assis face à face comme deux ermites »,* écrit Su. Les étés sont moites et pernicieux. Les aliments moisissent. Les objets pourrissent. Les plaies s'infectent. Les pluies d'automne et le mauvais temps arrêtent le trafic des navires. L'hiver ouate le paysage d'un brouillard épais. On manque de riz et de ravitaillement. Su ramasse avec son fils des herbes médicinales et des plantes sauvages comestibles. Il est en proie aux moustiques, aux fourmis blanches, aux insectes de la jungle. L'île échappe à la malaria, mais dix autres affections tropicales empoisonnent la vie des exilés : mycoses du pied, gale, inflammation des ganglions, parasites sous-cutanés, dysenterie amibienne, etc.

Que vient faire dans cette détresse un poème déjà ancien, qui évoque, avec l'acuité des cinq sens de Dongpo, tout ce qui est le contraire de Hainan : la blancheur de la neige, la brutalité du vent glacé, la légèreté des flocons ? Qu'on est loin de l'île aux lents pourrissements ! Mais je crois que j'ai compris pourquoi Su avait emporté avec lui cet « instant » dérobé au temps. Une année où Georges et Ludmilla Pitoëff étaient trop pauvres pour suivre le conseil du médecin, qui avait dit à Georges : « Vous devriez emmener Ludmilla à la campagne : elle est pâlotte », Georges résolut le problème en mettant en scène une fois de plus la pièce de Tourgueniev, *Un mois à la campagne.* Est-ce que Su Dongpo et Kuo n'ont pas utilisé, pour résister à la vie de Hainan, une méthode analogue à celle de Georges Pitoëff ? Relire, les jours de chaleur malsaine, un grand poème de gel, de neige et de froid pur...

23

UN POÈME D'HIVER POUR AVOIR FRAIS L'ÉTÉ

Pelotonné sur ma natte dans la nuit
j'ai dormi profond comme une tortue gelée
Au matin il y a une grande étendue blanche
et le vent froid secoue la cime des arbres
Les collines vertes sont un jeune homme
dont la nuit a blanchi soudain moustaches et cheveux
Le froid a dévalé jusque sur la rivière
et le glouglou de l'eau s'est tu complètement
Les flocons volettent sans savoir où aller
Ils tombent   s'effacent   disparaissent
fondent avant la rivière
se perdent dans l'espace
Quand ils entrent dans le bateau
ils vont à pas légers de duvet
et se posent sur nous comme des fleurs découpées
Est-ce que le Ciel les a dessinés un par un ?
Qui les a ainsi semés à pleines mains ?

Je vois les montagnards qui transportent des bûches
Ils n'ont pas le temps de boire un peu de vin
ni de chanter des poèmes
Le pinceau du poète est durci de gel
et risque de se casser net
Les rideaux ne sont pas tirés
et je vois dans la nuit une jeune fille
penchée sur son métier à tisser
Il y a un ermite traînant ses sandales
dans le froid glacial qui gèle ses orteils
Le vent qui souffle dans son capuchon
le fait ressembler à un dieu du froid
Un autre moine balaie la neige sur son seuil
Il a la goutte au nez et elle a gelé

Que veut le voyageur à bord du bateau ?
Il voudrait un pur-sang plus vite que le vent
Un lapin gelé se cache dans l'herbe
et un faucon descend en piqué sur la bête
Ah faire bouillir le gibier dans la glace fondue
lever très haut sa coupe de vin jaune
Les gens de mon pays sont de grands chasseurs
Je suivrai volontiers celui qui mène le train
Je laisserai les flocons tournoyer et caresser mes joues
puis je prendrai mon pinceau
et de tout cela je ferai un poème

24

L'ARRIVÉE AU PORT

Un poète contemporain de Su, Yang Wanli, dit dans un poème : *« Le corps obéit à la loi du souverain, mais c'est à une autre loi qu'obéit l'esprit. »* Le sujet des pouvoirs absolus est absolument asservi aux décrets des princes, et peut cependant rester absolument libre. Pendant l'année 1100 et les sept premiers mois de 1101 les caprices du destin et les décisions impériales vont, une dernière fois, pousser Su sur les chemins épuisants des voyages et sur les hauts et bas des montagnes russes de la faveur. Le fidèle Wu Fuku, le taoïste, survient à Hainan pour apprendre à son ami et maître que l'Empereur est mort, que Su et ses amis politiques sont pardonnés.

Su Dongpo est faible, las. Il voudrait pourtant rebondir, rejaillir, résister à la fatigue de l'exil, du climat, de la solitude. Su le courageux essaie de sourire, malgré tout, au lendemain :

Je suis un vieux singe qui a peur
et s'est réfugié dans la forêt
un cheval fatigué dont on a désanglé la selle
Mon esprit est un vide qui cherche ses pensées
Les environs je les connais par cœur
et c'est encore eux que je vois dans mes rêves
Les bandes de mouettes sont de plus en plus amicales
Les vieux paysans viennent me visiter
Le lotus de l'étang fait éclore
de belles pièces de monnaie verte
Les bambous font pleuvoir des graines rouges
Qu'on nous apporte une jarre pleine de vin
et qu'elle m'inspire de belles idées

Mais il faut se mettre en route, regagner la Chine. Ordres, contrordres vont infléchir l'itinéraire du retour de Su. Partout où il passe, de la côte au continent retrouvé, de Lien Chu à Canton et Nankin, puis à Tchenkiang, la foule s'amasse pour saluer le grand homme. Il n'a plus les forces qu'il faudrait pour répondre comme il voudrait à ces témoignages de gratitude. Les lettrés saluent le prince de la parole. Les paysans remercient leur défenseur. Les bateliers rendent grâce à celui qui a maintenu le libre passage sur les canaux et préservé la pureté des eaux. Il a vécu soixante-quatre ans. Ses enfants, ses petits-enfants, ses amis, des moines et des poètes l'entourent. En juin, il se sent trop faible pour continuer le voyage. Il est à bord d'une jonque. Il continue, malgré le mouvement du bateau sur la rivière sinueuse, à calligraphier et à composer des poèmes. *« Cent doigts s'agrippent aux perches, les vagues montent et descendent, mais je ne lâche pas mon pinceau ni ne me déconcentre. »* Bientôt pourtant il va falloir faire halte. La jonque est amassée sur le canal de Tchangchou. À son ami le moine bouddhiste Wei Lin qui l'exhorte à chercher le chemin du Paradis de l'Ouest, il répond : *« Ce serait une erreur que de chercher ce chemin. »* Réponse taoïste : si ce Paradis-là existe, il ne faut pas, en tout cas, *vouloir* l'atteindre.

Su murmure : *« N'est-ce pas la volonté du Ciel que je ne sois pas mort en exil, mais seulement maintenant, de retour chez moi ? Mais la vie et la mort sont des accidents, qui ne valent pas la peine d'en parler. »*

Il lui reste un peu de force. Ses fils lui tendent la pierre à encre, le pinceau, le papier.

Le sage ferme les yeux dans la contemplation
Son esprit se fait lac immobile et profond
et dans la réflexion de ce miroir des eaux
il sait que tout n'est rien
qu'un rêve rêvé en vain

25

LE DERNIER DÉPART

Il l'avait pensé toujours, il l'avait écrit souvent : *« La vie n'est faite que de séjours. »* Et entre les séjours, tissée de départs. Combien de fois il s'est trouvé au départ d'une grand-route, sur un embarcadère, sur le pont d'une jonque, accompagné d'amis et de parents venus lui dire au revoir, un au revoir qui souvent fut un adieu ? Il sait, il sent que cette fois c'est le dernier départ, s'il y a un « dernier » départ, si la chaîne des re-naissances et des re-départs ne se poursuit pas, comme le supposent les bouddhistes, jusqu'à l'extinction des feux finale, jusqu'à la dernière étape de l'incessante entropie.

Su est très faible. La dysenterie amibienne l'exténue. Il fait très chaud sur le navire qui sera sa dernière étape. Le 28 juillet 1101, il se retourne contre la paroi et meurt. Le 26, il a écrit son dernier poème.

J'ai cru finir mes jours dans ce hameau de Hainan
mais le Cièl a envoyé la fée pour rappeler mon âme
et j'ai aperçu loin très loin mais pour de vrai
là où le ciel est bas et où volent les aigles
la chevelure verte de la terre
le continent enfin !

La dernière lettre de Su Dongpo arrivera après sa mort. Il y parle une fois encore de la constante joie de sa vie : la poésie.

« Ma vie durant, vivant sans passions, l'Histoire et les Classiques ont été mon jardin, la littérature a été ma musique. J'aime encore écrire des poèmes. Grâce au sens profond des mots, à la beauté de la langue, on ne s'aperçoit pas que je suis un vieillard fatigué. Ce corps est là, est là encore. Je le confie à l'univers. Qu'il suive son cours ou bien s'arrête. Il en sera ce qui sera. »

26

LE VENT D'AUTOMNE VIENT PUIS S'EN VA

La dernière fois que j'ai vu Lo Dakang, il était venu à Paris en 1982, invité par le Collège de France. Il s'était recroquevillé, rapetissé encore, comme il nous arrive, vieux hommes pour qui la vie a choisi la maigritude de l'âge plutôt que les rondeurs du temps. Lo marchait à petits pas. Son souffle était court. Il fallait lui répéter souvent les phrases. Il disait qu'à « l'Écurie des Vaches », jovial surnom de la petite prison de son unité de travail, on le cognait toujours sur l'oreille droite. C'était la même oreille qu'on frappait quand on le sortait avec un bonnet d'âne et une grande pancarte au cou énumérant ses « crimes » contre-révolutionnaires. On le bâtonnait aussi sur le même côté quand il fut déporté à la campagne, les jours où il n'avait pas réalisé la norme dans le transport des excréments depuis les latrines jusqu'aux champs. Nous prîmes l'habitude de parler à l'oreille gauche de Lo Dakang.

Pendant la Révolution culturelle, Lo avait écrit un recueil de poèmes français, que nous pûmes faire publier lors de son séjour à Paris :

On m'a foulé au pied
J'ai refusé de haïr

On m'a traîné dans la boue
J'ai refusé de haïr

On m'a accroché une pancarte au cou
J'ai refusé de haïr

Je lutte pour pouvoir écrire mon dernier mot
sur la porte d'un horizon lointain

« Écrire en français, disait-il, dans un village misérable où personne ne connaissait cette langue, c'était entrer un petit instant dans un monde de liberté... »

Dans un livre publié en Suisse en 1948, *Homme d'abord, poète ensuite,* Lo écrit, à propos de Tu Fu : « Il supporta tête basse, sans plaintes ni colère, le calvaire de sa propre misère. Ce n'était à ses yeux que la part infime qui lui revenait de la détresse générale. » L'étudiant chinois de Genève qui écrivait cela au lendemain de la guerre mondiale ne savait pas que, près de cinquante ans plus tard, il allait gravir lui aussi « le calvaire de sa propre misère » dans la détresse générale de la Révolution culturelle.

Dans sa dernière lettre Lo Dakang m'a envoyé un texte de Su Dongpo, « un fragment de poème de votre ami de l'An Mil traduit par votre ami de la fin du siècle XX ».

Quand on ne voit plus ses amis
peu importe qu'ils soient loin ou près
Si la vie ne nous séparait pas
comment saurait-on qui on aime ?
Le vent d'automne vient puis s'en va
Les souvenirs ne s'effacent pas

DU MÊME AUTEUR

Aux Éditions Gallimard
(sauf indication contraire)

Poésie

LE POÈTE MINEUR, 1949.

UN SEUL POÈME, 1955.

POÉSIES, dans la collection de poche Poésie/Gallimard, 1970.

ENFANTASQUES, poèmes et collages, 1974.

NOUVELLES ENFANTASQUES, poèmes et collages, 1978.

SAIS-TU SI NOUS SOMMES ENCORE LOIN DE LA MER ? épopée cosmogonique, géologique, hydraulique, philosophique et pratique, en douze chants et en vers, 1979. Collection Poésie/Gallimard, 1983.

À LA LISIÈRE DU TEMPS, 1984.

LE VOYAGE D'AUTOMNE, 1987.

LE NOIR DE L'AUBE, 1990.

LES PAS DU SILENCE, 1993.

Romans

LA NUIT EST LE MANTEAU DES PAUVRES, 1949.

LE SOLEIL SUR LA TERRE, 1956.

LE MALHEUR D'AIMER (Collection Folio, 1974), 1958.

LÉONE, ET LES SIENS, 1963.

LA DÉROBÉE, 1968.

LA TRAVERSÉE DU PONT DES ARTS (Collection Folio, 1983), 1979.

L'AMI LOINTAIN, 1987.

Documentaires

CLEFS POUR L'AMÉRIQUE, 1949.

CLEFS POUR LA CHINE, 1953.

LE JOURNAL DES VOYAGES, 1960.

SUR LA CHINE, 1979.

LA FRANCE DE PROFIL, 1952 (La Guilde du Livre).

LA CHINE DANS UN MIROIR, 1953 (La Guilde du Livre).

Descriptions critiques

DESCRIPTIONS CRITIQUES, 1950.

LE COMMERCE DES CLASSIQUES, 1953.

L'AMOUR DE LA PEINTURE, 1955 (Folio essais, 1987).

L'AMOUR DU THÉÂTRE, 1956.

LA MAIN HEUREUSE, 1957.

L'HOMME EN QUESTION, 1960.

LES SOLEILS DU ROMANTISME, 1974.

LIRE MARIVAUX, 1947 (À la Baconnière).

ARAGON, 1945 (Éd. Seghers).

SUPERVIELLE, 1964 (Éd. Seghers).

STENDHAL PAR LUI-MÊME, 1952 (Le Seuil).

JEAN VILAR, 1980, Calmann-Lévy.

Essais

DÉFENSE DE LA LITTÉRATURE, 1968.

LES CHERCHEURS DE DIEUX, 1981.

TEMPS VARIABLE AVEC ÉCLAIRCIES, 1985.

LA CONVERSATION DES POÈTES, 1993.

Autobiographies

MOI JE, 1969 (Collection Folio, 1978).

NOUS, 1972 (Collection Folio, 1980).

SOMME TOUTE, 1976 (Collection Folio, 1982).

Livres de bord

PERMIS DE SÉJOUR, 1977-1982, 1983.

LA FLEUR DU TEMPS, 1983-1987, 1988 (Collection Folio, 1991).

L'ÉTONNEMENT DU VOYAGEUR, 1987-1989, 1990.

LE RIVAGE DES JOURS, 1990-1991, 1992.

Théâtre

LE CHARIOT DE TERRE CUITE, 1969 (Le Manteau d'Arlequin, Théâtre français et du Monde entier, 1988).

En collaboration avec Anne Philipe

GÉRARD PHILIPE, 1960.

Livres d'enfants

LA FAMILLE QUATRE CENTS COUPS, texte et collages, 1954 (Club Français du Livre).

C'EST LE BOUQUET. *Illustrations d'Alain Le Foll,* 1964 (Delpire) (Collection Folio-Cadet, 1980).

LA MAISON QUI S'ENVOLE. *Illustrations de Georges Lemoine* (Collection Folio-Junior, 1977).

PROVERBES PAR TOUS LES BOUTS. *Illustrations de Joëlle Bouché* (Collection Enfantimages, 1980).

LE CHAT QUI PARLAIT MALGRÉ LUI. *Illustrations de Willi Glasauer* (Collection Folio-Junior, 1982).

LES ANIMAUX TRÈS SAGACES. *Illustrations de Georges Lemoine* (Collection Folio-Cadet, 1983).

CLAUDE ROY UN POÈTE (Collection Folio-Junior en poésie, 1985).

LES COUPS EN DESSOUS. *Illustrations de Jacqueline Duhème* (Collection Folio-Cadet, 1987).

DÉSIRÉ BIENVENU. *Illustrations de Georges Lemoine* (Collection Folio-Junior, 1989).

LA COUR DE RÉCRÉATION. *Illustrations de Georges Lemoine* (Collection Folio-Cadet, 1991).

L'un et l'autre

Jean-Philippe Antoine
La chair de l'oiseau. Vie imaginaire de Paolo Uccello (Prix Yourcenar 1992)

Catherine Axelrad
Vies et morts d'Esther

Christian Bobin
Le Très-Bas
(Prix des Deux-Magots, Prix Joseph Delteil, Grand prix catholique de Littérature, 1993)

Alain Boureau
Histoires d'un historien. Kantorowicz

Geneviève Brisac
Loin du Paradis. Flannery O'Connor

Idelette de Bure
Rouge ou La proie du peintre

Michel Chaillou
La rue du Capitaine Olchanski. Roman russe

Jean-Michel Delacomptée
Madame La Cour La Mort

Claude Esteban
Le partage des mots

Christian Garcin
Vidas

Sylvie Germain
La Pleurante des rues de Prague

Roger Grenier
Pascal Pia ou le droit au néant
Regardez la neige qui tombe. Impressions de Tchékhov (Prix Novembre 1992)

Michèle Hechter
Galluchat ou les mirages du requin de Chine

Christian Jouhaud
La main de Richelieu ou le pouvoir cardinal

Thierry Laget
Florentiana

Pierre Lartigue
L'art de la pointe

Catherine Lépront
Le passeur de Loire

Jean Levi
Le fils du ciel et son annaliste

Diane de Margerie
La Femme en pierre

Pierre Michon
Rimbaud le fils

Michel Mohrt
Benjamin ou Lettres sur l'inconstance

Henri Raczymow
Le cygne de Proust

Jacques Réda
Aller aux mirabelles
Aller à Élisabethville

Jean-Pierre Rioux
Erckmann et Chatrian ou le trait d'union

Claude Roy
L'ami qui venait de l'an mil. Su Dongpo 1037-1101

Danièle Sallenave
Le principe de ruine

Michel Schneider
Glenn Gould piano solo
(Prix Femina Vacaresco 1989)

Composé et achevé d'imprimer
par l'Imprimerie Floch
à Mayenne, le 16 mai 1994.
Dépôt légal : mai 1994.
1er dépôt légal : mars 1994.
Numéro d'imprimeur : 35969.
ISBN 2-07-073803-5 / Imprimé en France.